Origami cerezos en flor

ALMA

La editorial quiere agradecer la colaboración en este libro de:
Madha Athanasiadi (Grecia)
Roger García (España)
Diana Horta Ruiz (México)
Josée Meeusen (Holanda)
Natalia Romanenko (Moldavia)

ISBN: 978-84-10206-10-6
Depósito Legal: B-10193-2024
THEMA: VXM, WD

Impreso en UE
Printed in EU

El papel de este libro proviene de bosques gestionados de manera sostenible.

La alquimia del papel

Cuando acabes este libro, verás cosas que el resto de la gente no percibe. Una hoja de papel dejará de ser una simple hoja de papel. Se puede convertir en una estrella, una mariposa o una grulla que esperan despertar, pliegue a pliegue, del sueño del papel. El origami transforma a sus seguidores, que convierten en belleza cada página que tocan. ¿Quieres ser uno de ellos? En las siguientes páginas encontrarás las guías básicas para conseguirlo.

Estas quince figuras que podrás crear son fáciles y sencillas, pero no por ello menos espectaculares. Estos diseños son la base que cualquier origamista debe dominar. Cuando los tengas por la mano, con paciencia y mucha práctica podrás acometer casi cualquier figura que te propongas.

Los pliegues y demás movimientos del origami son siempre los mismos. Una vez dominados te servirán para elaborar cualquier figura imaginable. La repetición hará que tus manos y tu mente memoricen los movimientos sin mayor esfuerzo. Por ello, te recomendamos que empieces realizando los modelos en papel y que, una vez hayas integrado la técnica, los realices en las hojas de colores que te ofrece este libro. A partir de ahí, tendrás la preparación necesaria para dejar volar tu imaginación y atreverte con muchas otras figuras.

Practicar origami es un placer para los sentidos, una forma de desconectar de las preocupaciones y alcanzar un estado de mindfulness, de conciencia plena, que conlleva innumerables beneficios para la salud y para el espíritu. Por ello, esta técnica se emplea en terapias tanto para niños como para adultos y sirve para entrenar habilidades que habitualmente no utilizamos.

Tradicionalmente los origamis se utilizaban como decoración o como regalo, pues su sencillez y su belleza nos recuerdan la necesidad de tener esas dos virtudes en nuestro día a día. Regala tus obras o haz que formen parte de tu vida para llenarla de equilibrio y serenidad.

El cerezo en la tradición japonesa

En japonés la flor del cerezo se llama *sakura*, aunque este es el nombre más conocido, pues existen más de setenta palabras para referirse a este árbol y su flor dependiendo de su color, de su variedad, de la forma de sus ramas o de su estado de floración. Desde el siglo VII, cuando se plantó el primer cerezo que provenía de China, este árbol y sobre todo su flor han tenido un gran peso en las tradiciones, las costumbres y los rituales nipones. Pero ¿qué significa el cerezo para los japoneses?

Mitología: En las leyendas japonesas los dioses habitan en los árboles, y el sakura es considerado como un puente entre lo divino y lo humano.

Filosofía: La floración del cerezo encaja en la filosofía *mono no aware*. Esto significa la capacidad de dejarse sorprender por la belleza, a la vez que se siente cierta melancolía por lo efímera que resulta. Las lindas flores del cerezo viven entre dos y tres semanas. Admirarlas sabiendo que se desvanecerán ayuda a comprender la futilidad de las cosas y también de nuestra existencia.

Samuráis: Estos míticos guerreros mantienen una relación muy cercana con los cerezos. Esta tiene que ver con el *bushido*, el "camino del guerrero", que es el código de conducta de los samuráis. El *bushido* valora la lealtad, el coraje, la sinceridad, la compasión y, sobre todo, la muerte honorable. La flor de cerezo, que cae en el momento más álgido de su belleza, simboliza el ideal del samurái: vivir con honor y morir de manera noble, sin lamentaciones.

Renovación: La floración de los cerezos ocurre en primavera, el momento en el que acaba el invierno y empieza un nuevo ciclo, con nuevas oportunidades y metas. De hecho, la sakura es el símbolo de la renovación.

Meditación: Para los japoneses, observar la floración del cerezo, admirando su belleza, es un acto de meditación que ayuda a trascender, a entender el flujo entre la vida y la muerte.

Hanami: la fiesta de las flores

Tan importante resulta la floración del cerezo que existe una fiesta dedicada a disfrutar de este espectáculo que nos regala la naturaleza, es el *hanami*, que significa "contemplación de las flores".

Buscando la floración: Según el año y el lugar del país, la floración tendrá lugar entre finales de enero hasta finales de mayo. Es tan importante que se informa de las *sakura zensen*, las predicciones de floración, que son seguidas con gran interés.

Una historia aristocrática: Fue la aristocracia del siglo VIII la que instauró esta festividad. En aquel entonces la contemplación de los cerezos en flor iba acompañada por recitales de versos y de música. Aún a día de hoy se considera que es un momento inspirador para el arte.

Un momento de unión: En el hanami, las personas se reúnen en parques, jardines y a lo largo de ríos donde se encuentran los cerezos florecientes. Es habitual ver a grupos de familiares, amigos y compañeros de trabajo sentados bajo los árboles de cerezo, disfrutando de comidas al aire libre, conversaciones y, por supuesto, del espectáculo de la naturaleza.

Un reclamo turístico: La belleza de esta tradición atrae a turistas de todo el mundo, desde los países cercanos como China o Tailandia hasta otros que provienen de Estados Unidos o de Europa. El pico de visitantes del mes de abril es muy cercano al que se produce en el mes de agosto, en plenas vacaciones.

Una historia centenaria

El término *origami* procede del japonés: *ori* significa "dobles", y *kami*, "papel". Su origen se remonta al siglo I, pero se populariza en el VI, cuando los origamis decoran las bodas y los samuráis regalan sus creaciones como muestra de respeto. En sus inicios fue una práctica de las clases acomodadas, porque eran las únicas que podían permitirse adquirir papel, pero con la mejora de las técnicas de fabricación su coste bajó y llegó a todos los estamentos.

Al llegar a China se introdujeron algunos cambios: cortaron y pegaron el papel, por lo que designaron a aquella técnica como *kirigami* para diferenciarla. Cuando llegó a Europa, recibió el nombre de *papiroflexia*, que no es equivalente al origami, que únicamente emplea las dobleces del papel.

En el siglo VIII, las invasiones árabes llevaron a este pueblo a conocer el origami. Como su religión les prohibía la representación de figuras humanas o animales, modificaron la técnica realizando figuras geométricas basadas en cálculos matemáticos.

Tras la II Guerra Mundial, el origami adquirió reconocimiento internacional por dos hechos. El primero fue que Sasaki Sadako, una niña que tenía dos años en el bombardeo de Hiroshima, desarrolló diez años después leucemia. Una amiga le contó una leyenda que prometía que cualquiera que hiciera 1.000 grullas de origami haría sus deseos realidad. Sasaki lo intentó, pero a los ocho meses murió y se erigió una estatua para homenajearla a ella y a todos los infantes en Hiroshima. Cada año, los visitantes depositan grullas de origami en su memoria.

También en los años cincuenta, el gran maestro Akira Yoshizawa (1911-2005) expuso parte de las 50.000 creaciones que realizó durante su vida y escribió 18 libros que sistematizaron la práctica del origami. A Yoshizawa, creador de una metodología que continúa siguiéndose, se le considera el padre del origami moderno.

Mindfulness espontáneo

El mindfulness, o atención plena, consiste en estar en el momento presente y alcanzar un estado de plenitud en el que desaparecen las preocupaciones, los juicios, los pensamientos repetitivos, las expectativas... momentos de paz tan sencillos de definir como difíciles de lograr.

El concepto se remonta a hace más de 2.500 años, en la India. En 1979 se convirtió en una técnica empleada por la psicología gracias a Jon Kabat-Zinn, que creó un método que actualizaba estas técnicas ancestrales para calmar a los estresados habitantes de nuestro tiempo.

El mindfulness se puede alcanzar mediante la meditación, dejando la mente en blanco y concentrándose en la respiración. Pero no es la única vía que nos brinda ese momento de paz. Las actividades creativas, que exigen atención e imaginación, nos permiten sumergirnos en ese estado de forma espontánea, sin buscarlo.

El origami es un pasaporte directo a la conciencia plena. Sin pretenderlo, la práctica de este arte refuerza circuitos cerebrales que nos ayudan a resolver los problemas cotidianos, y a la vez constituye un entrenamiento improvisado para alcanzar la serenidad de espíritu. Pliegue a pliegue se doblega el estrés, se giran las preocupaciones y se curva el aburrimiento. Y así como la hoja de papel se transforma en una figura inesperada, el ánimo de quien la crea emerge con nuevas formas sorprendentes que lo acercan a la paz.

Este libro ha sido cuidadosamente pensado para procurar ese estado de calma. Las indicaciones son fáciles y requieren la concentración necesaria para que la mente se enfrasque en el proceso de forma plácida y espontánea. Todo está ideado para que te sumerjas rápidamente y sin apenas darte cuenta en la conciencia plena.

Trucos para alcanzar el "efecto mindfulness"

Funcionará mejor si:

— **No temes hacerlo mal.** Los apriorismos de tipo "a mí estas cosas no se me dan bien" o "¿y si no me sale?" no tienen ningún sentido. Este libro ha sido pensado para facilitar al máximo la experiencia.

— **Te desconectas para conectarte.** Es un momento para conectarse con uno mismo. No pasa nada por desconectar el móvil, apagar el televisor o no revisar el correo durante un rato.

— **No te concentras en el resultado.** Solemos enfocarnos en la finalidad de todo lo que hacemos. Esa figura sorprendente llegará, pero no la esperes con ansiedad. Disfruta de cada uno de los pasos.

— **Observas el resultado.** Una vez que hayas acabado, tómate unos minutos para admirar tu obra. Recuerda cada uno de los pliegues que la han conformado o simplemente piérdete en la belleza de lo que has logrado.

Multiplicarás sus resultados si:

— **Te dejas llevar por los sentidos.** Tu mente es la que guiará el proceso, pero también puedes concentrarte en los sentidos: el tacto del papel. Además, puedes inspirar antes de doblar y espirar cuando lo hagas.

— **Escuchas música relajante.** Reforzará la sensación de calma y marcará un paréntesis en tu día. Asocia a esos momentos un tipo de música diferente al que escuchas habitualmente.

— **Lo practicas con cierta regularidad.** Sobre todo para los que empiezan, resulta muy útil crear un hábito. Así el cerebro se va preparando para la relajación.

— **Imaginas futuras figuras.** De vez en cuando, principalmente en momentos de estrés, observa una hoja en blanco e imagina la figura que se podría crear con ella.

Beneficios

Practicar el arte del origami tiene un premio inmediato: el disfrute de realizar una tarea y de dedicar un tiempo a una actividad lúdica. Pero proporciona otros frutos que pueden ser un buen incentivo para los que dudan sobre si apuntarse a esta práctica japonesa o no.

Activa los dos hemisferios cerebrales
Para realizar las figuras, es necesario coordinar el ojo y la mano, requiere movimiento físico y concentración mental. Por ello se activan los dos hemisferios del cerebro y se crean nuevas conexiones que son útiles para otros aspectos de la vida. Esto siempre resulta ser beneficioso y, en concreto, se emplea como terapia para recuperarse de un ictus o de accidentes cerebrovaculares.

Aleja del "modo multitarea"
Las obligaciones nos llevan a realizar varias tareas a la vez, o una detrás de otra. La única recompensa es acabar para ponernos con la siguiente.

Este "modo multitarea" es necesario en situaciones concretas, pero provoca estrés y no aporta una recompensa en sí. El origami potencia justo lo contrario.

Mejora la memoria
En el origami las dobleces son siempre las mismas y el que surja una u otra figura depende de la combinación de estas. Por ello, la repetición de esos movimientos estimula la memoria, que almacena esos pasos que se reiteran.

Aumenta la concentración
La atención que requiere hace que todos los sentidos se focalicen en la tarea.

Incentiva la creatividad
Imaginar adónde nos llevará cada uno de los pliegues, cómo llegarán a transformarse en la figura deseada es un ejercicio de imaginación que pone en funcionamiento los circuitos de la parte posterior del cerebro, ubicada entre los dos hemisferios.

Manos a la obra

Consejos básicos

1 Antes de marcar los pliegues comprueba que los vértices cuadran.

2 Apoya el papel en un superficie plana.

3 Elige un lugar bien iluminado y despeja la superficie de trabajo.

4 Emplea la uña del pulgar para hacer hincapié en el pliegue.

5 Nunca te saltes ningún paso porque, si lo haces, no lograrás la figura deseada.

Símbolos que debes conocer

Repetir
Indica repetir un movimiento tantas veces como rayas tenga la flecha.

Zoom aumentado
Indica que una parte del diseño está aumentada.

Zoom disminuido
Indica que una parte del diseño está disminuida.

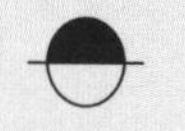

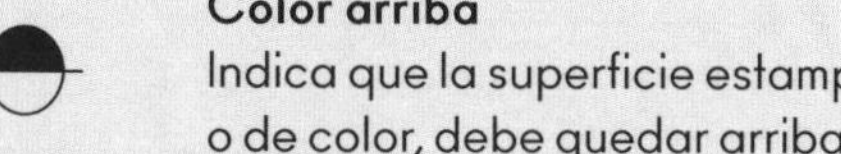

Color arriba
Indica que la superficie estampada, o de color, debe quedar arriba.

Color abajo
Indica que la superficie estampada, o de color, debe quedar abajo.

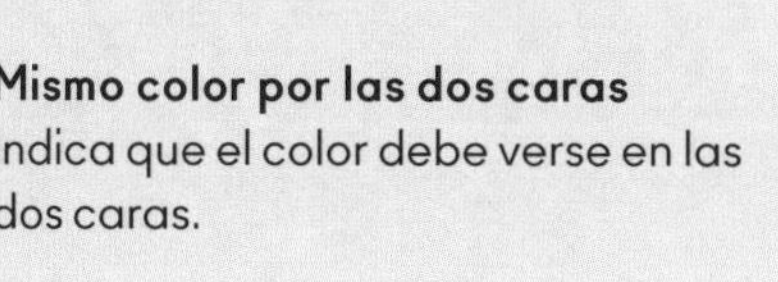

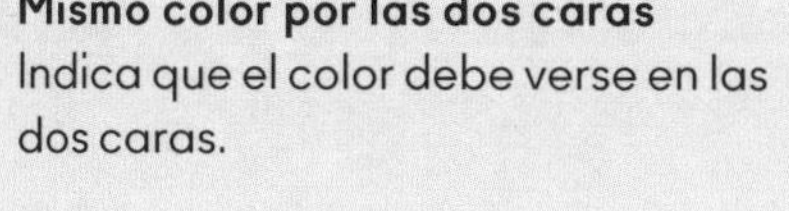

Mismo color por las dos caras
Indica que el color debe verse en las dos caras.

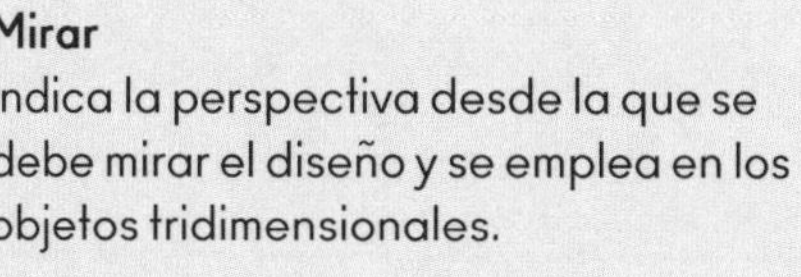

Mirar
Indica la perspectiva desde la que se debe mirar el diseño y se emplea en los objetos tridimensionales.

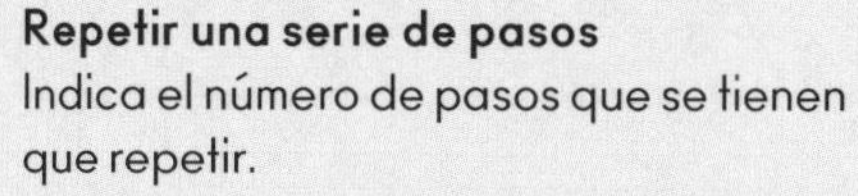

Repetir una serie de pasos
Indica el número de pasos que se tienen que repetir.

Movimientos básicos

Pliegue en valle
Se trata de doblar el papel hacia adelante para que una cara se encuentre sobre la otra.

Pliegue en montaña
Se debe doblar el papel hacia atrás, llevando la superficie de un lado sobre la del otro.

Plegar y desplegar
Se efectuará un plegado en valle y otro en montaña.

Girar
Rotar la figura en el sentido de las flechas. El número de dentro del círculo indica el ángulo de giro.

Apretar
Marcar más profundamente el pliegue.

Plegar hacia adelante
Indica que el pliegue tiene que inclinarse hacia adelante.

Plegar hacia atrás
El pliegue deberá ir hacia atrás.

Ángulo recto
Colocar el pliegue como un ángulo recto.

Colapsar
Mover el papel siguiendo los diferentes pliegues para conseguir el diseño indicado.

Movimientos de dificultad media

Hundir
Se tendrá que presionar levemente para hundir ese pliegue y dejar la figura plana.

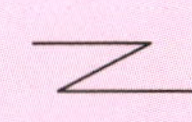

Plegar en zigzag
Deberán hacerse diferentes pliegues con forma de acordeón.

Estirar
Deberá estirarse desde donde se indica suavemente. En ocasiones, el estiramiento se llevará a cabo con las dos manos a la vez.

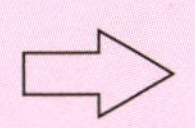
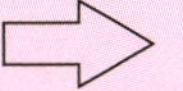

Extraer
Tirar del punto señalado para sacar a la superficie una parte de la figura.

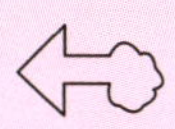

Soplar
Espirar sobre el orificio marcado para que la figura se infle.

Dividir en partes iguales
Deberán hacerse pliegues proporcionales.

Dividir ángulos en partes iguales
Deberá dividirse en ángulo en pliegues de igual tamaño.

Voltear
Darle la vuelta al papel en la dirección indicada.

En la confección de modulares, a veces puede servir de ayuda utilizar pinzas y poner algún punto de pegamento.

HANAFUBUKI

Tormenta de nieve de flores

Al alcanzar su máxima floración,
los cerezos sueltan sus pétalos
y parece que nieve.

Arcturus
Masha Athanasiadi - Grecia

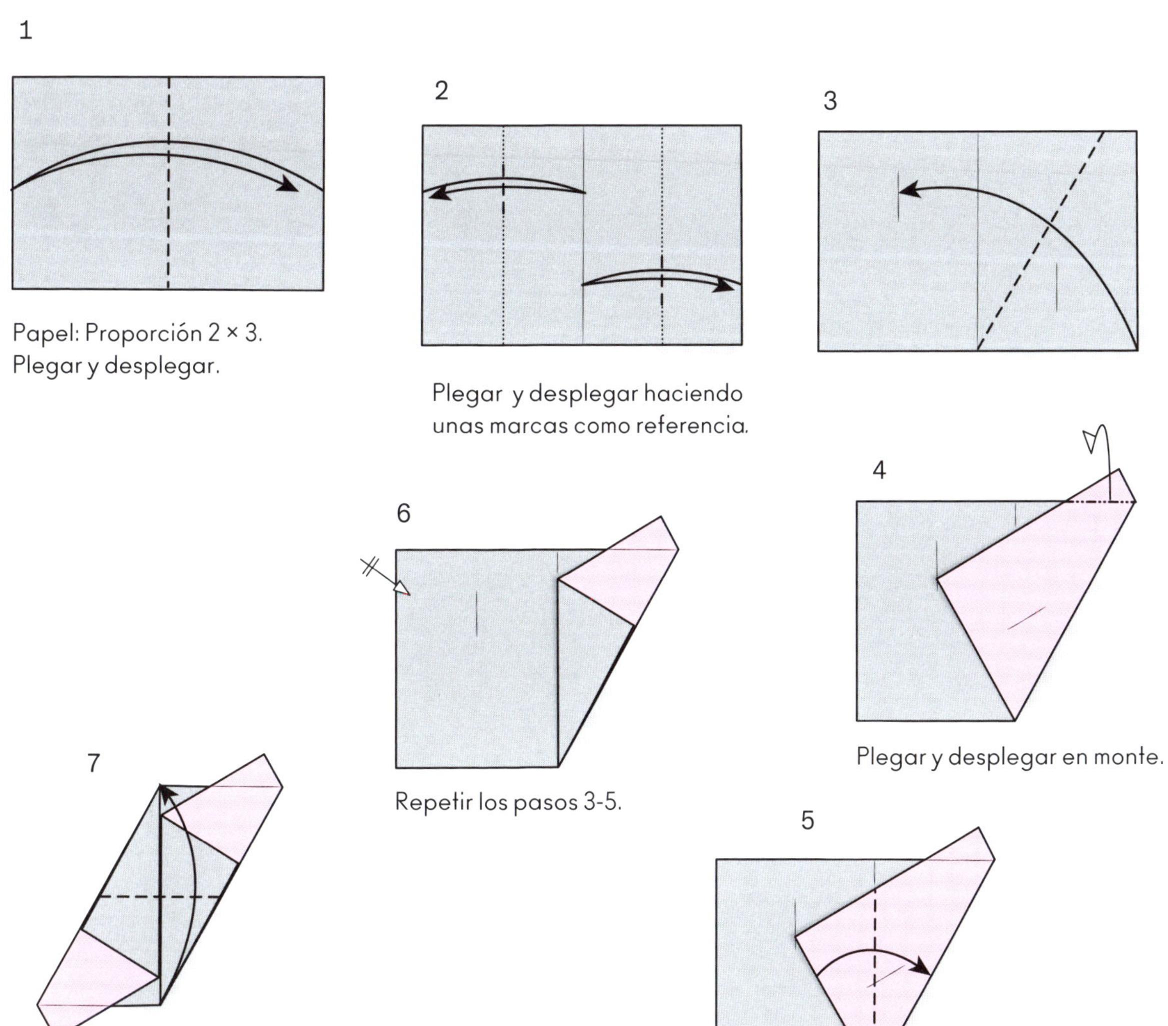

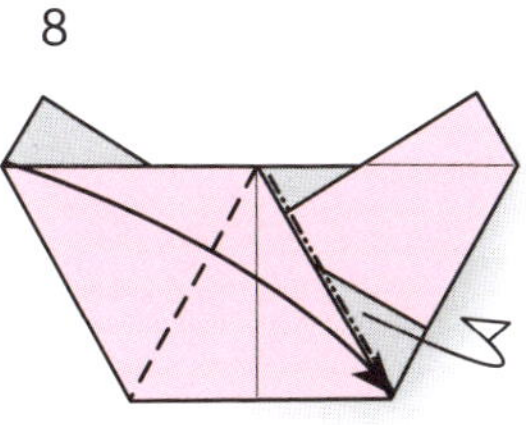

Plegar y desplegar
el valle y el monte.
Volver al paso anterior.

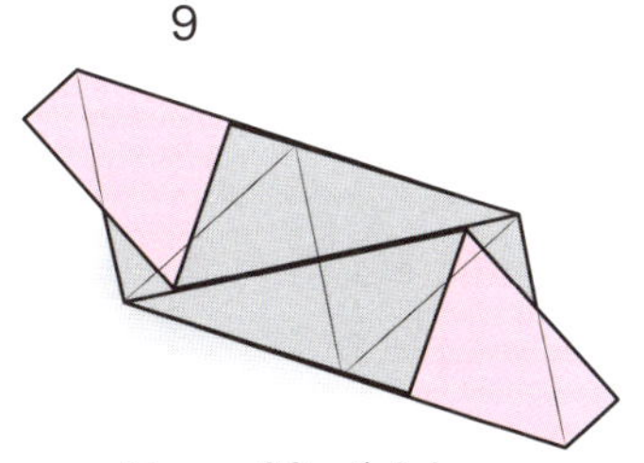

Hacer 30 módulos
iguales a este.

Montaje

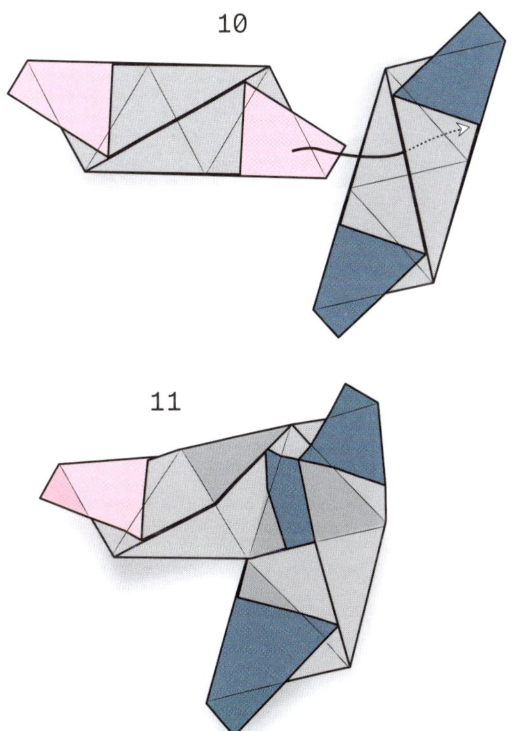

Nota: Unir tres módulos formando una pirámide,
Formar 5 pirámides, unirlas formando un pentágono
y seguir incorporando módulos hasta finalizar la figura.

HANAMIZAKE

Sake para contemplar los cerezos en flor

Es tradición acompañar la celebración de las fiestas del hanami con sake, al que algunas veces se le añade pétalos de flores de cerezo.

Caja estrella

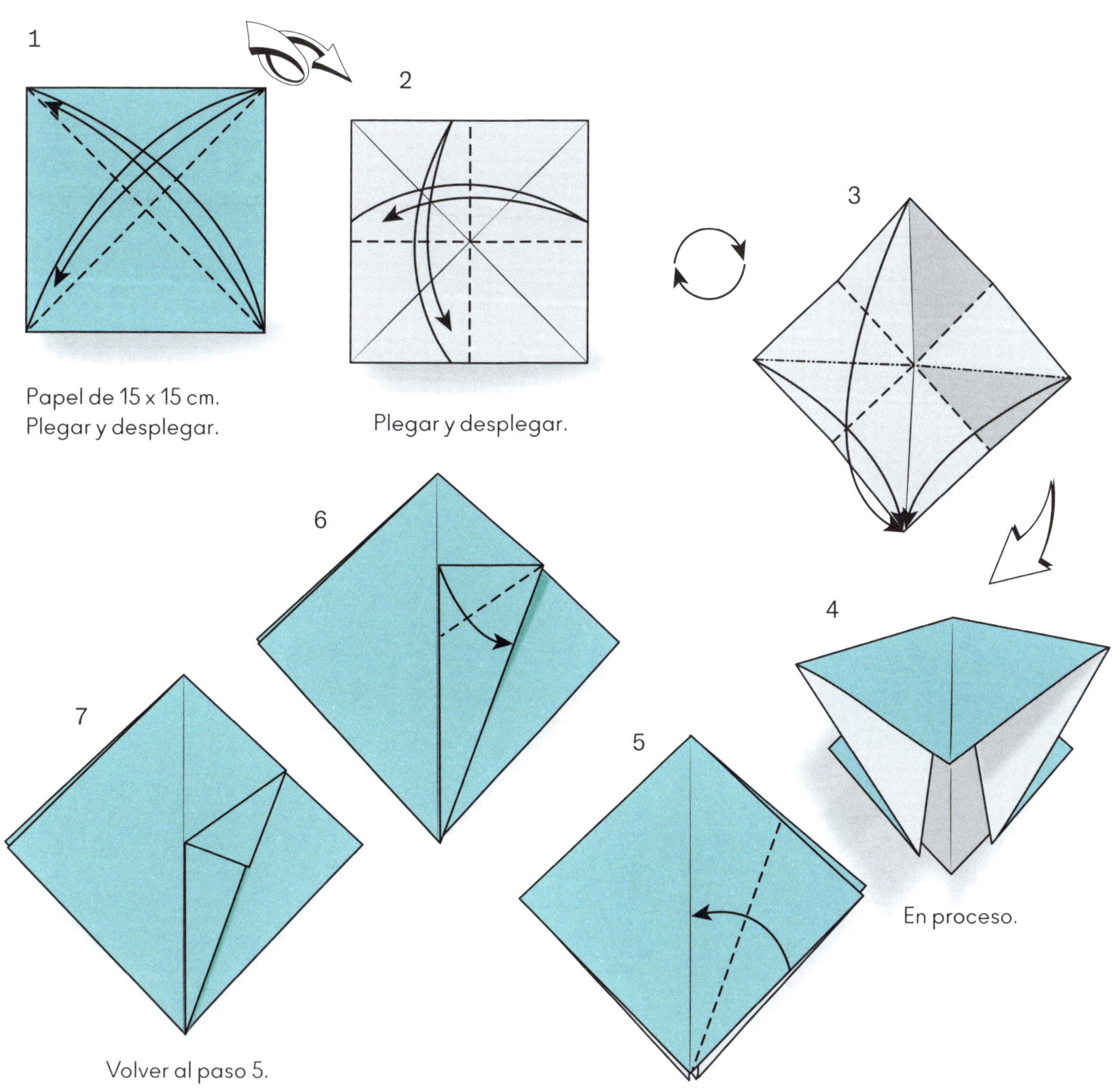

Papel de 15 x 15 cm.
Plegar y desplegar.

Plegar y desplegar.

En proceso.

Volver al paso 5.

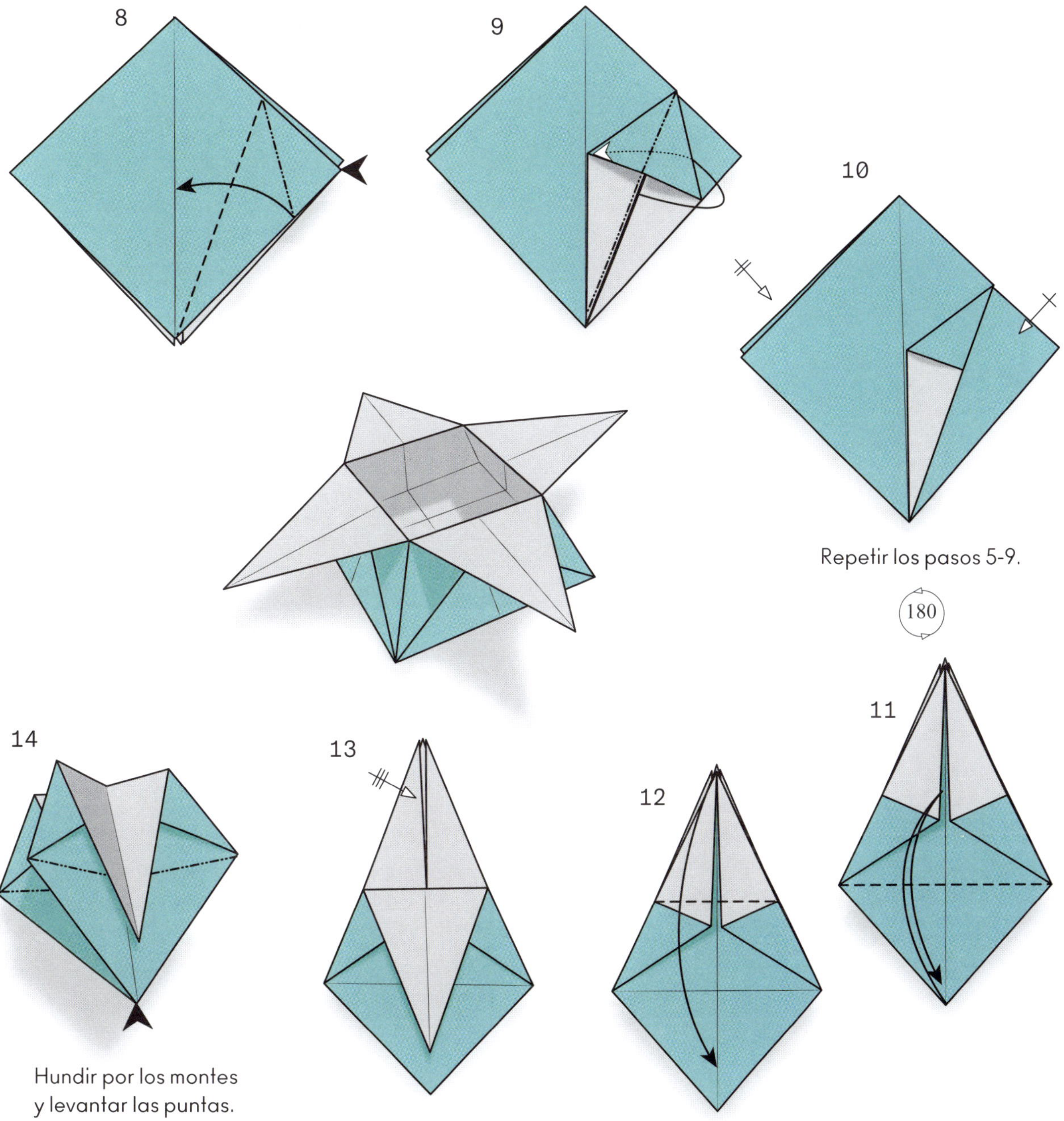
8
9
10
Repetir los pasos 5-9.
180
11
12
13
14
Hundir por los montes
y levantar las puntas.
Repetir en las otras tres puntas.

HATSUZAKURA

La primera sakura

Se les llama así a las
flores de los primeros
cerezos del año.

Caja simple

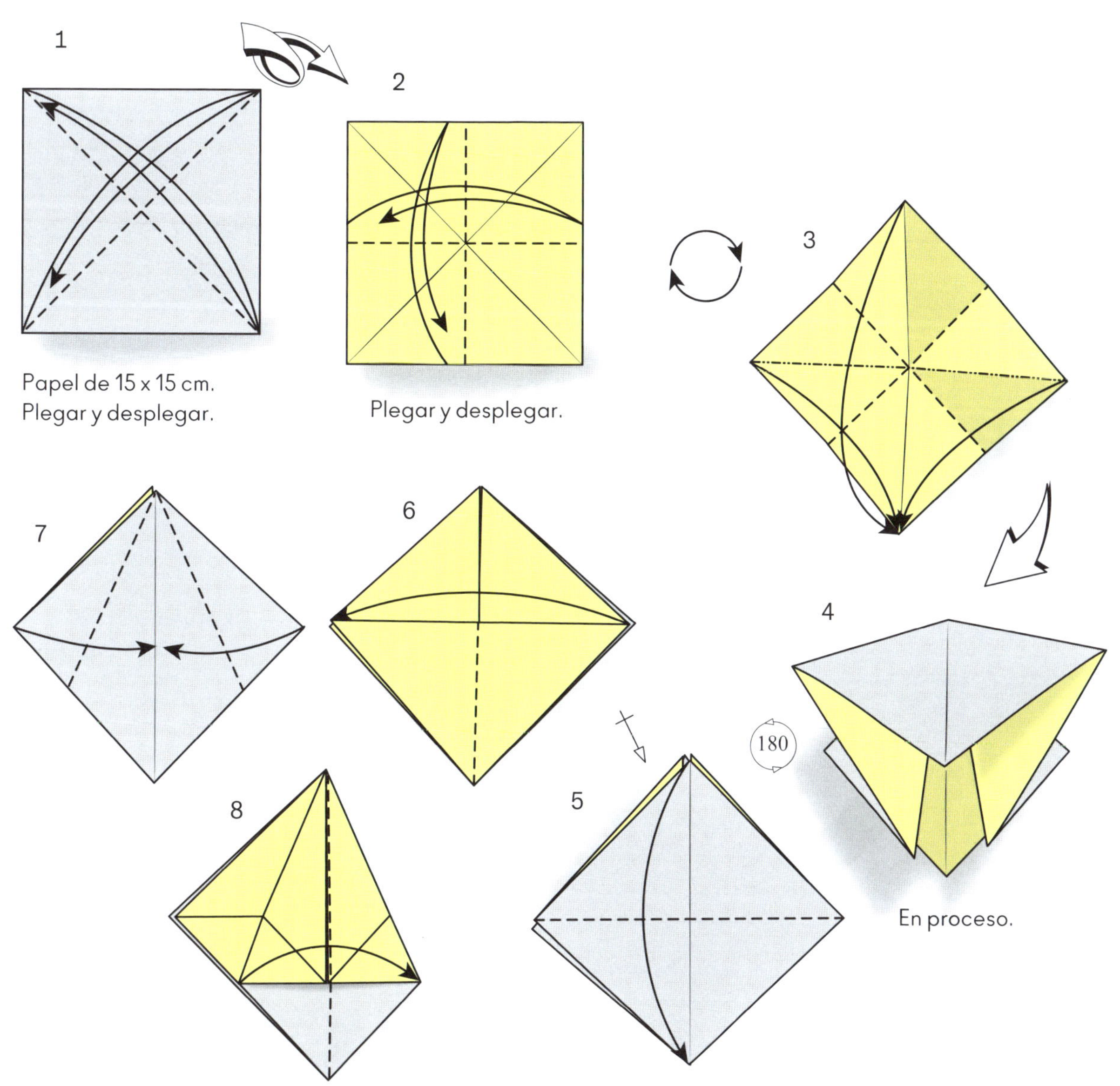

Papel de 15 x 15 cm.
Plegar y desplegar.

Plegar y desplegar.

En proceso.

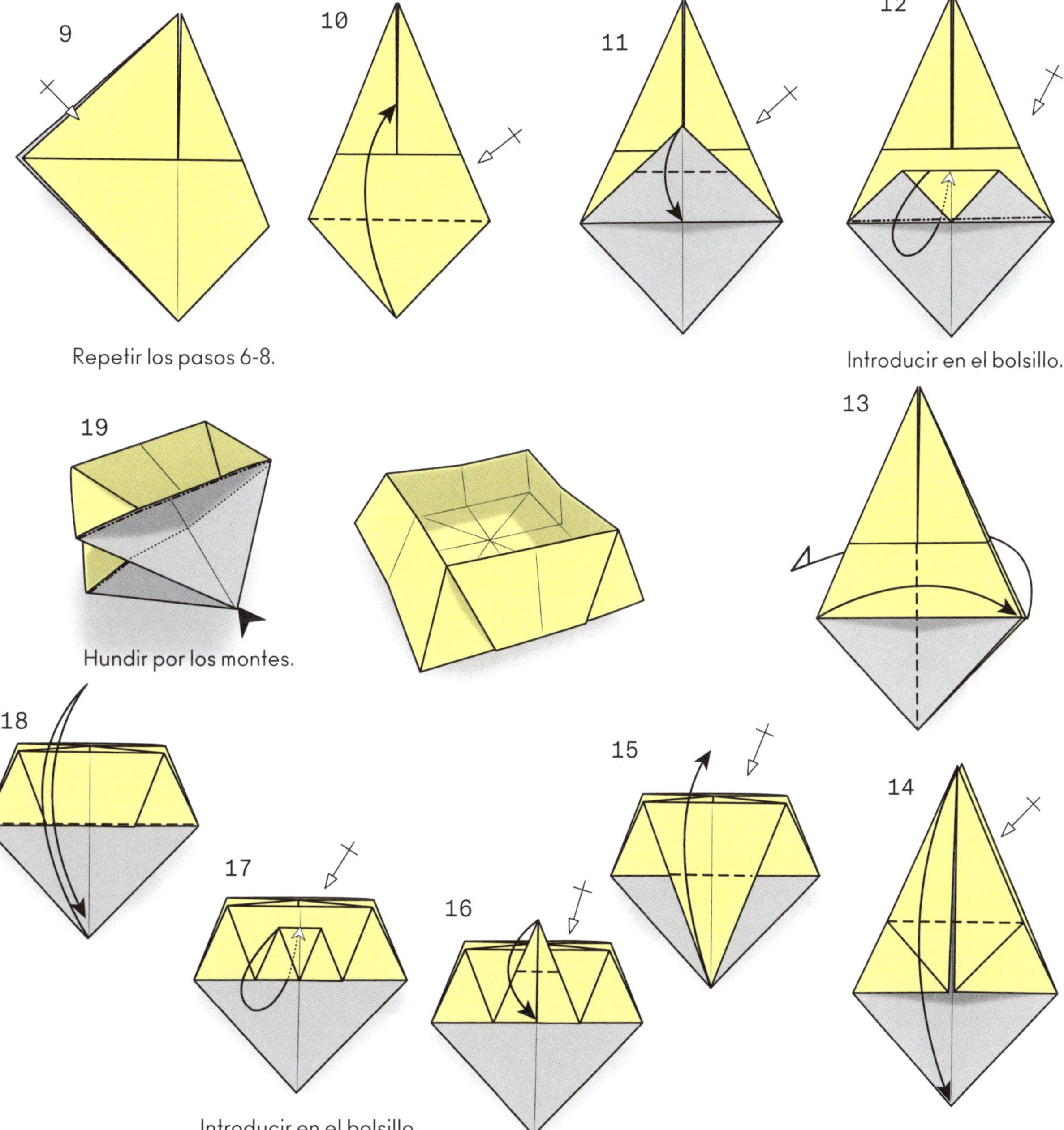
9
10
11
12
Repetir los pasos 6-8.
Introducir en el bolsillo.
19
13
Hundir por los montes.
18
15
14
17
16
Introducir en el bolsillo.

ASAZAKURA

Sakura de la mañana

Son los cerezos cubiertos
por el rocío de la mañana.

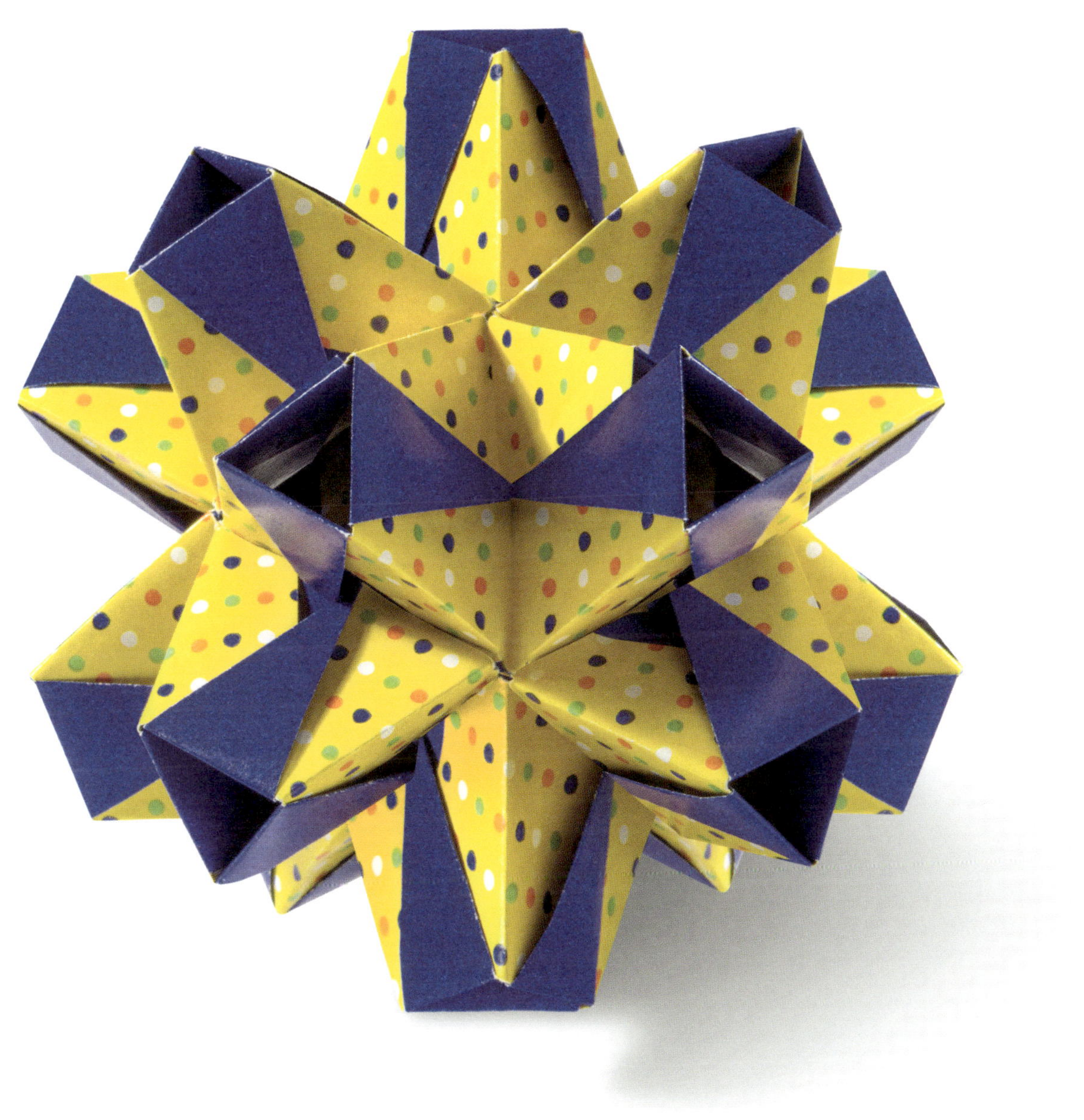

Kusudama Carina
Natalia Romanenko - Moldavia

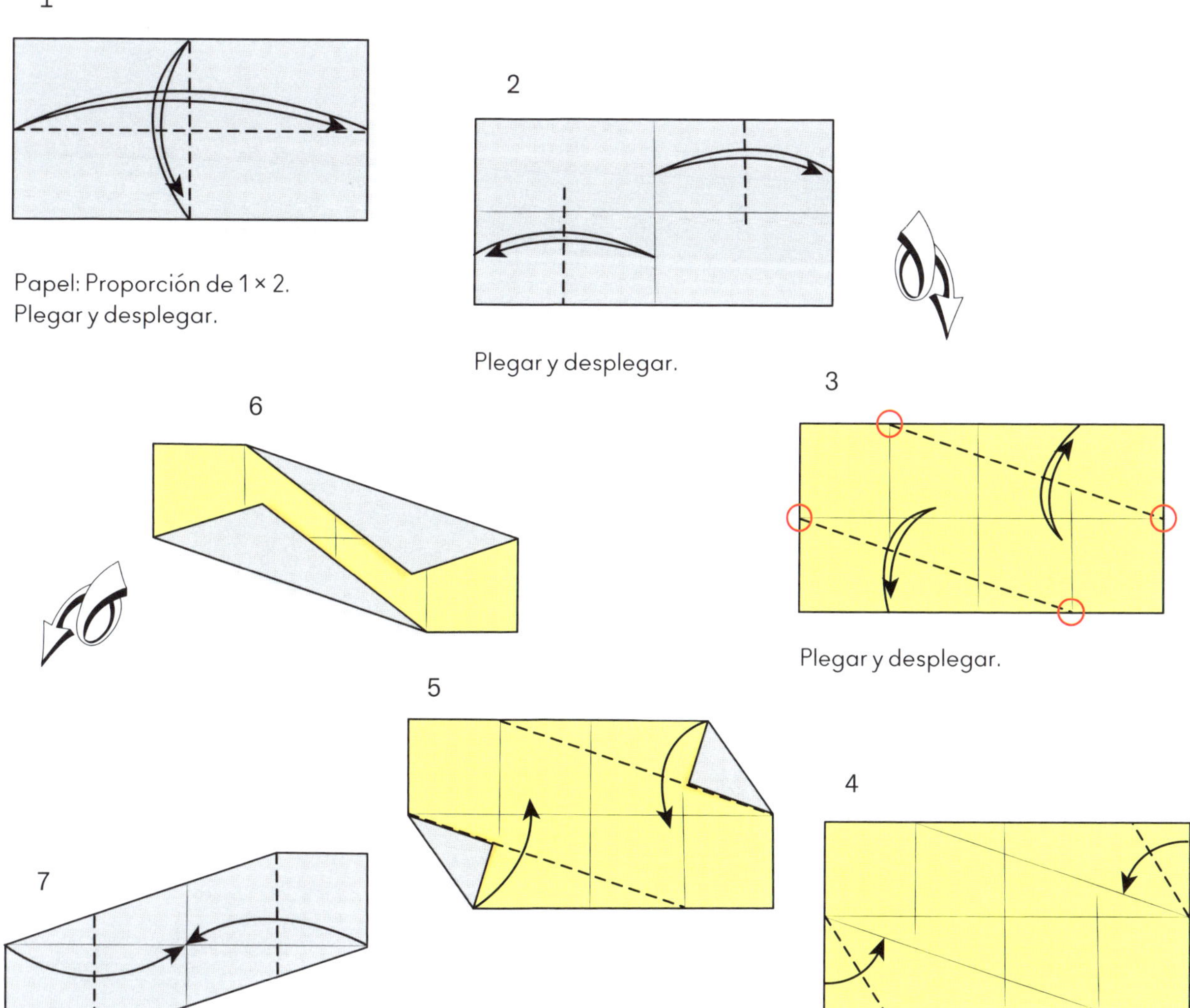

8

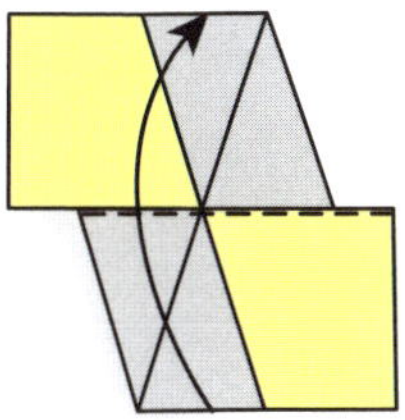

9

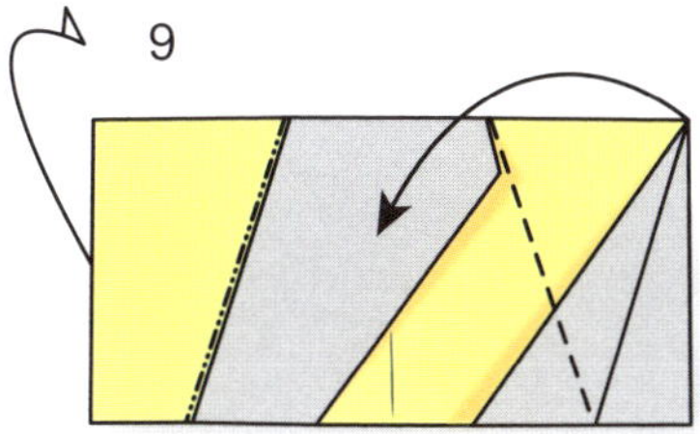

10

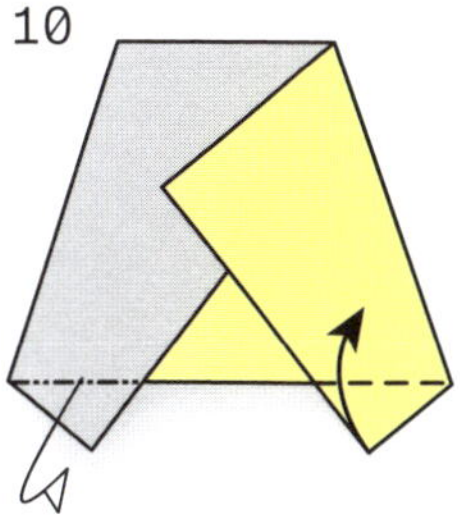

15

11

Abrir.

Repetir con el resto de módulos.

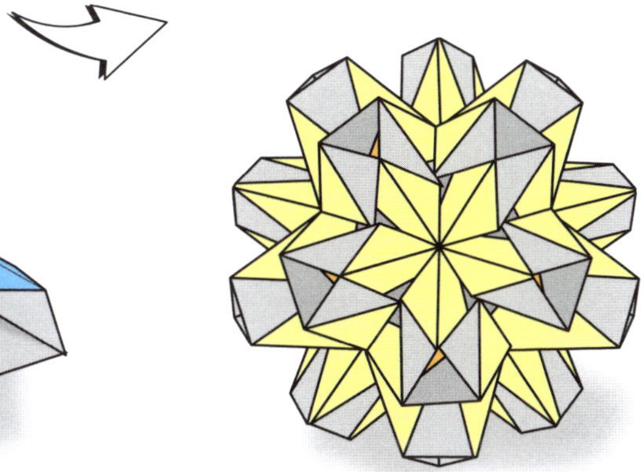

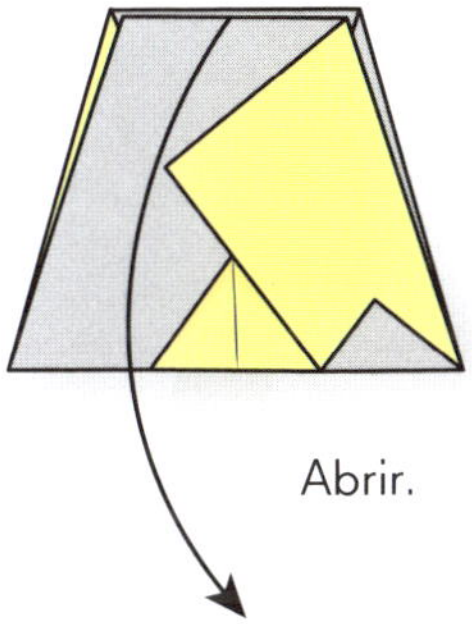

Montaje

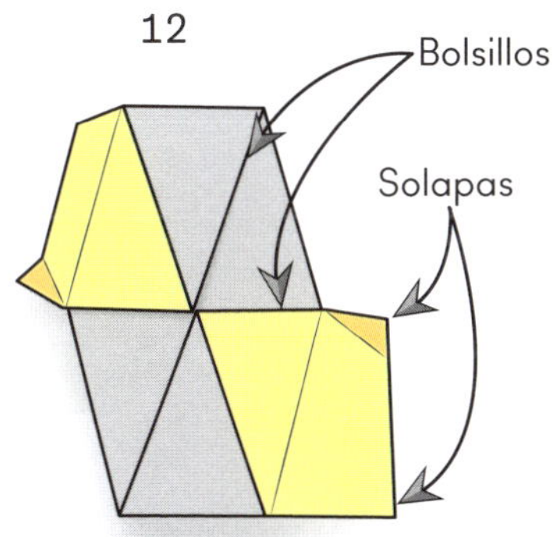

Módulo terminado.
Hacer el mismo módulo 30 veces.

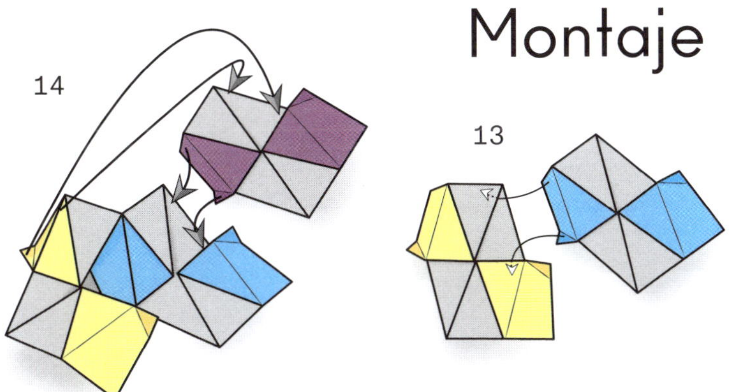

Nota: Unir tres módulos formando una pirámide, Formar 5 pirámides, unirlas formando un pentágono y seguir incorporando módulos hasta finalizar la figura.

ADAZAKURA

Fútil sakura

Metáfora de lo rápido que pasa la vida.
Un día florecen y, al poco tiempo, desaparecen.

Colibrí
Roger García - España

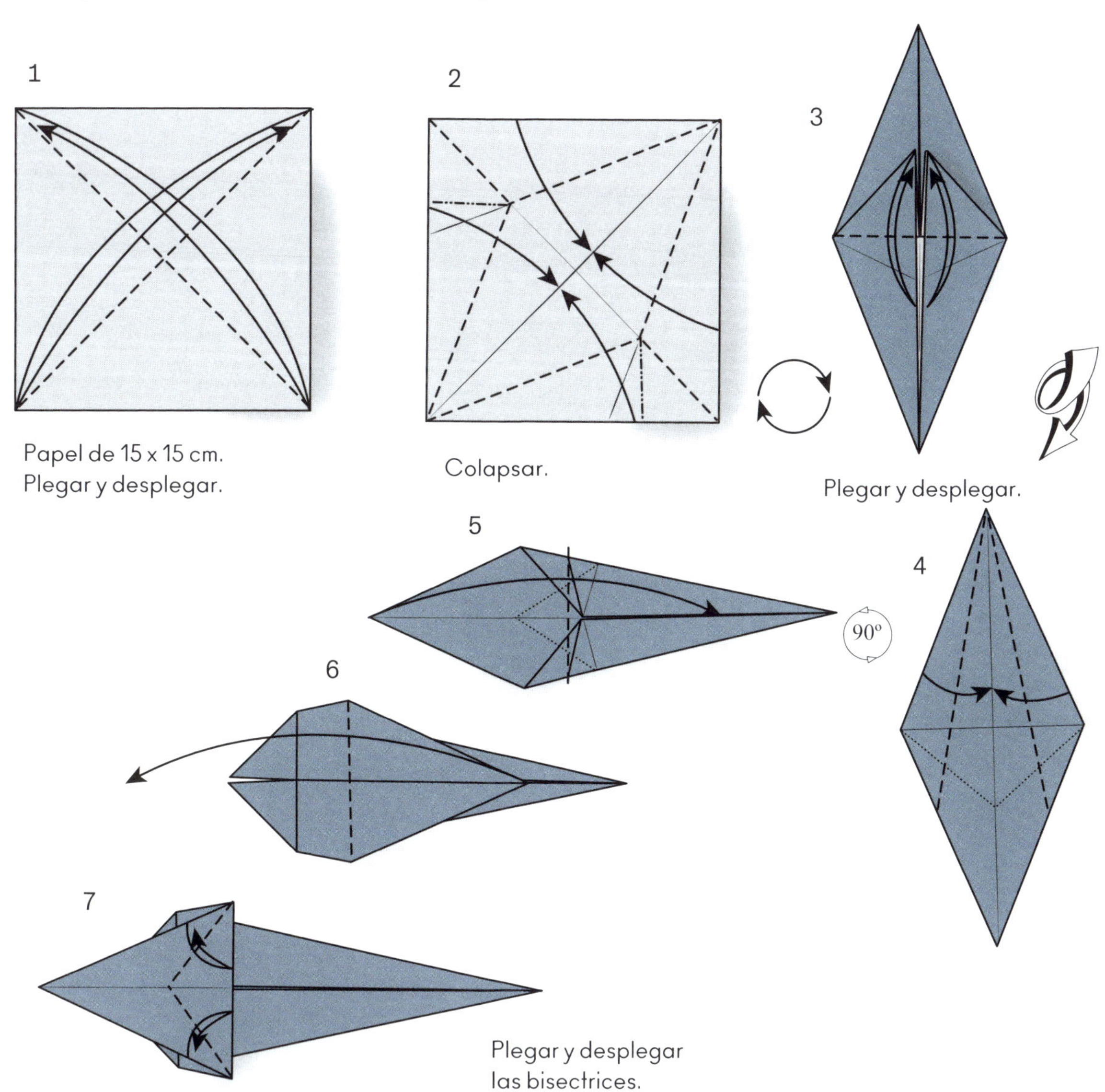

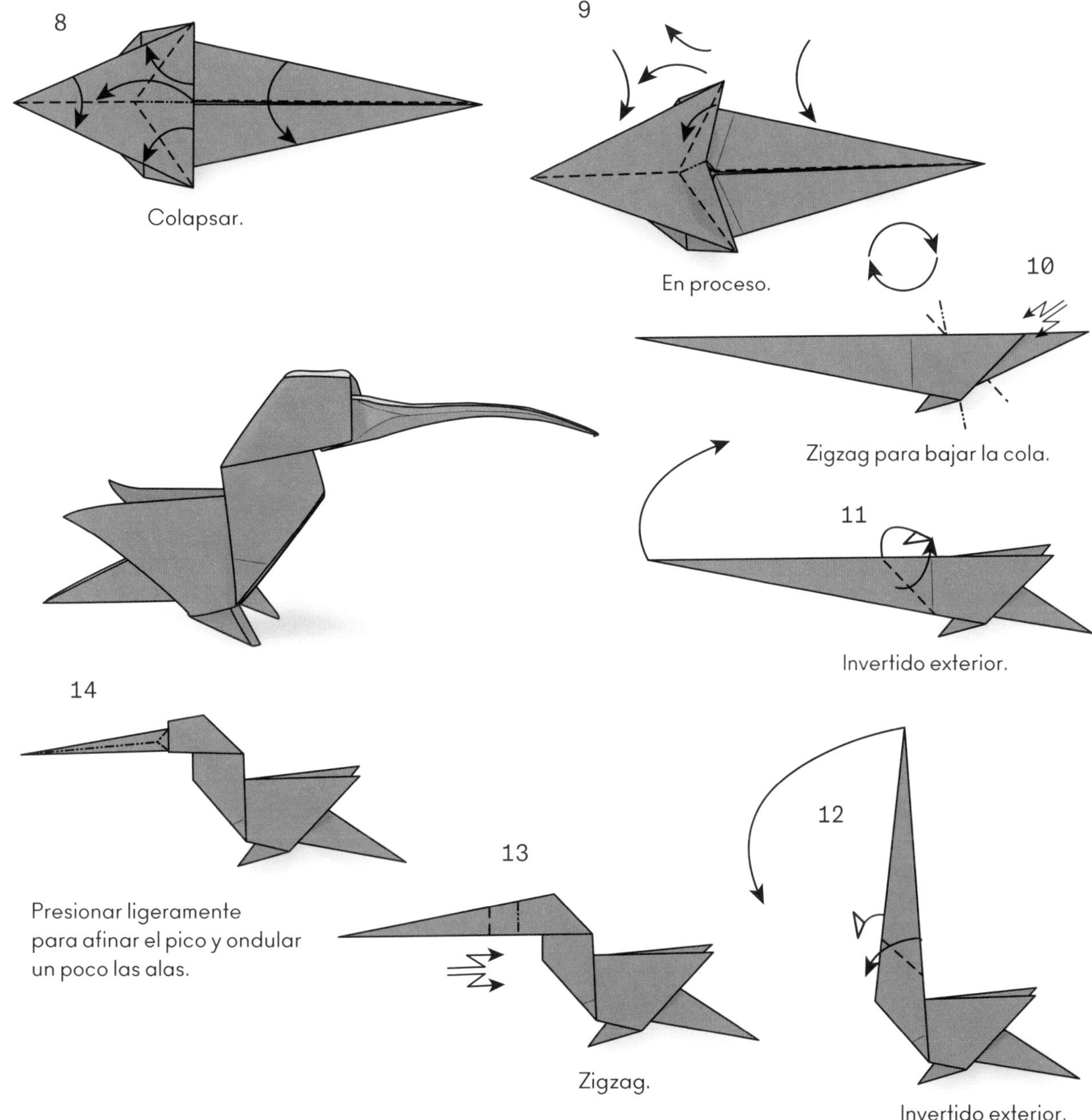
8
Colapsar.
9
En proceso.
10
Zigzag para bajar la cola.
11
Invertido exterior.
14
Presionar ligeramente
para afinar el pico y ondular
un poco las alas.
13
Zigzag.
12
Invertido exterior.

HANAKUMORI

Flor nublada

Describe el clima predominante
en esta época del año en Japón,
donde es habitual que el cielo esté nublado.

Paloma

1
Papel de 15 x 15 cm.
2
3
6
4
7
5
Repetir los pasos 3-6.
Volver al paso 3.

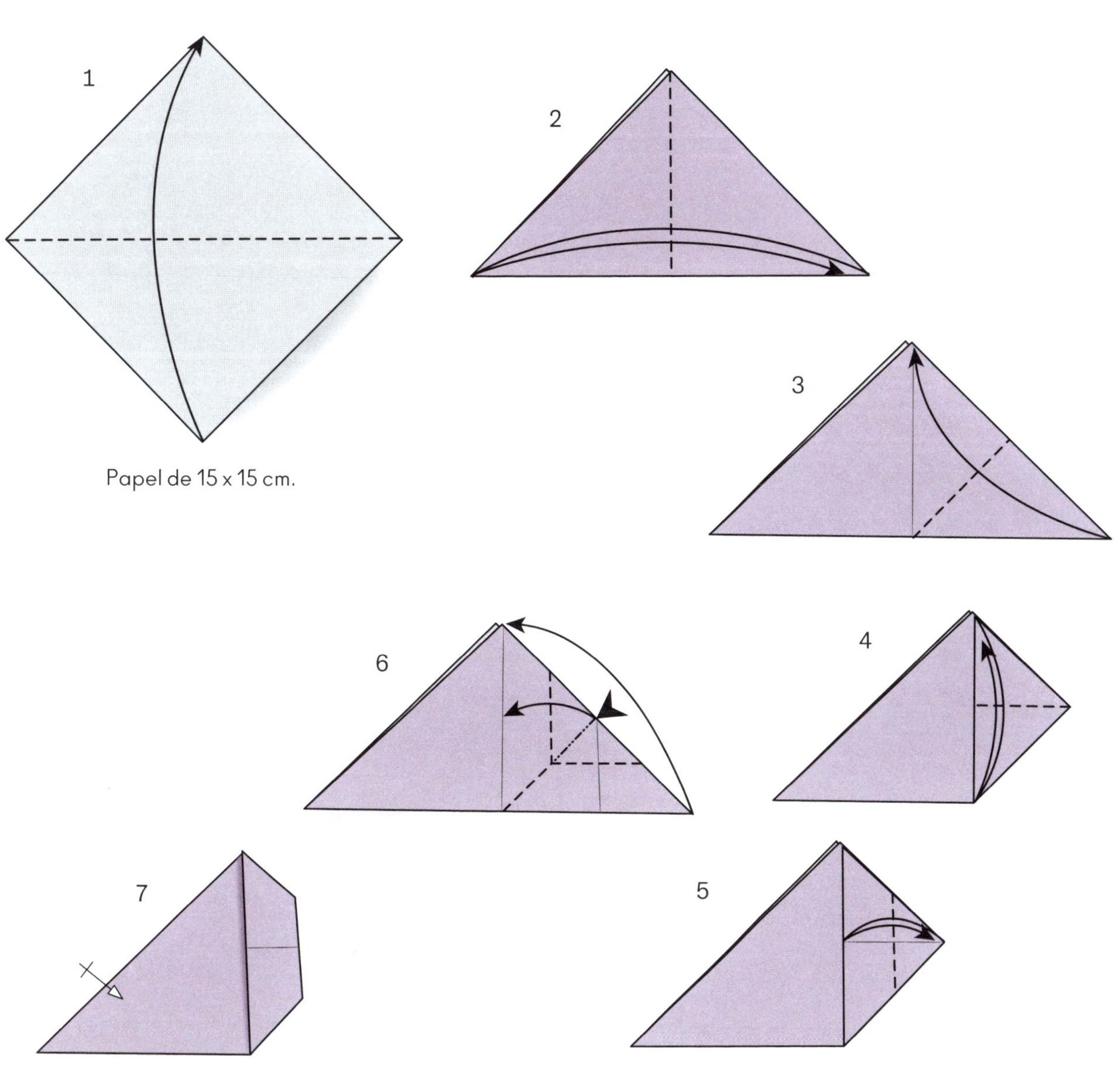

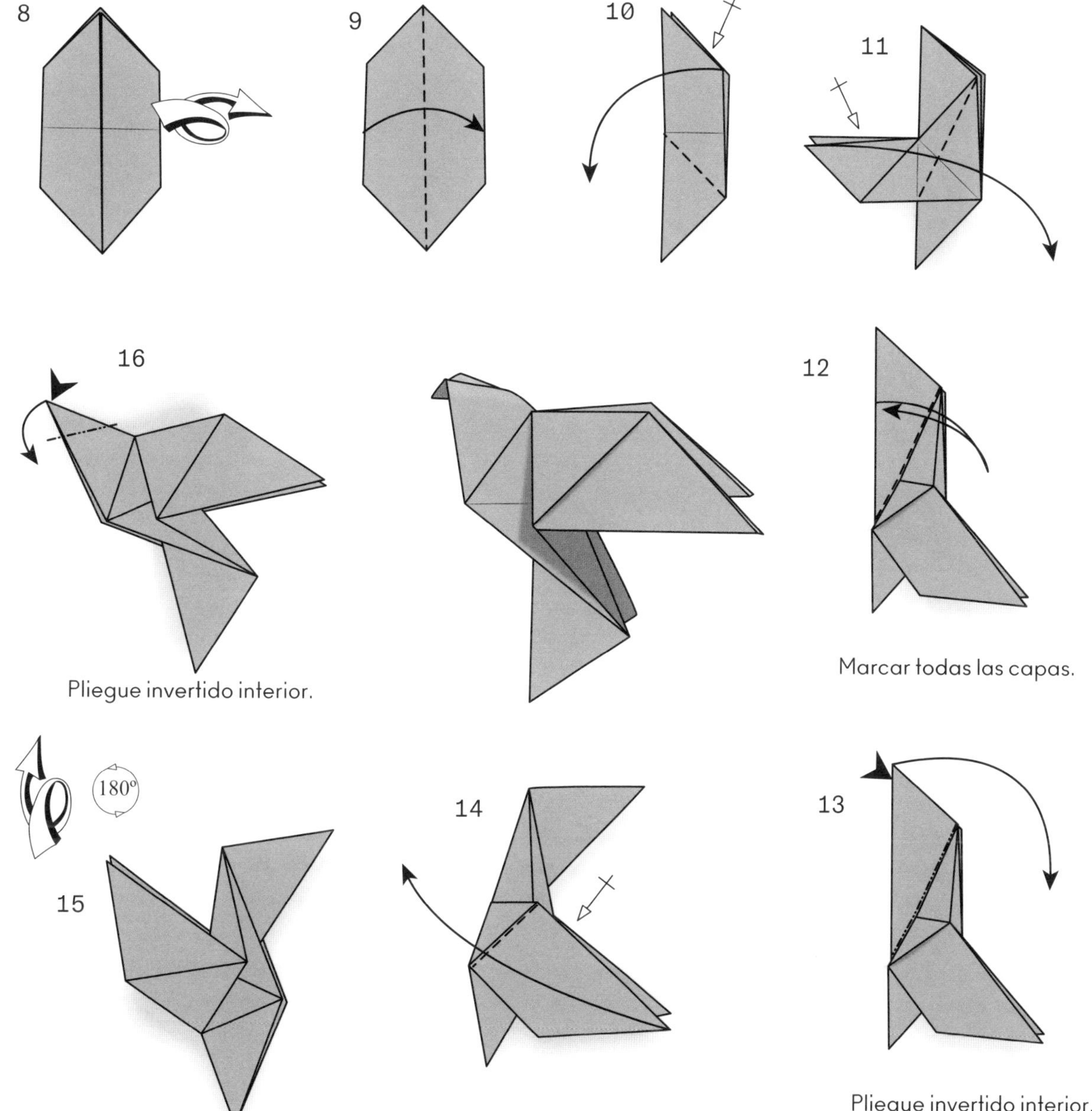

Pliegue invertido interior.

Marcar todas las capas.

Pliegue invertido interior.

AME NO SAKURA

Lluvia de sakura

Describe la sensación de contemplar los pétalos de la flor de cerezo al caer.

Conejo

1
Papel de 15 x 15 cm.
Plegar y desplegar.
2
Plegar y desplegar.
3
4
En proceso.
5
Plegar y desplegar
las bisectrices.
6
180
Hundir.
7
Una capa.

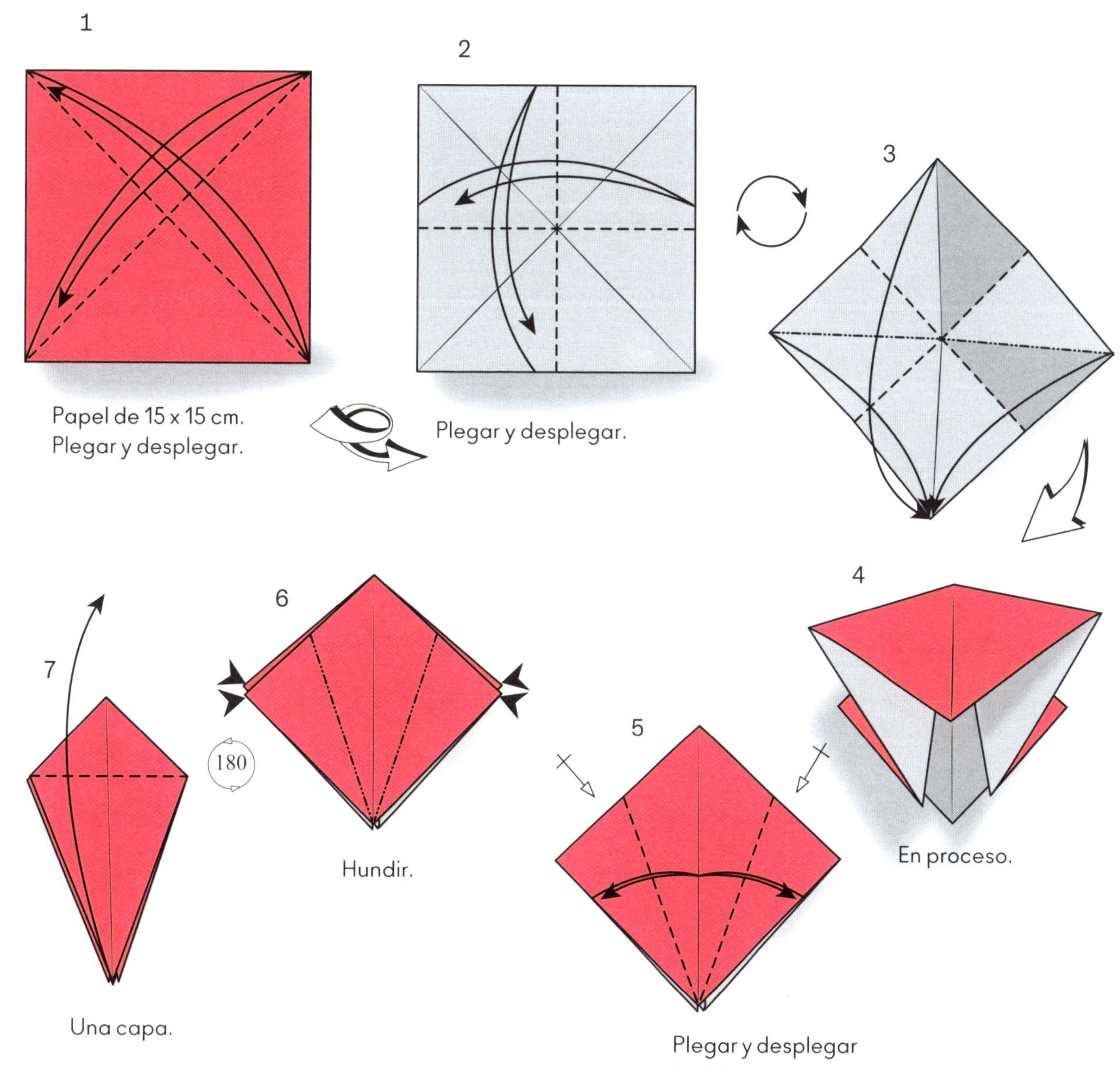

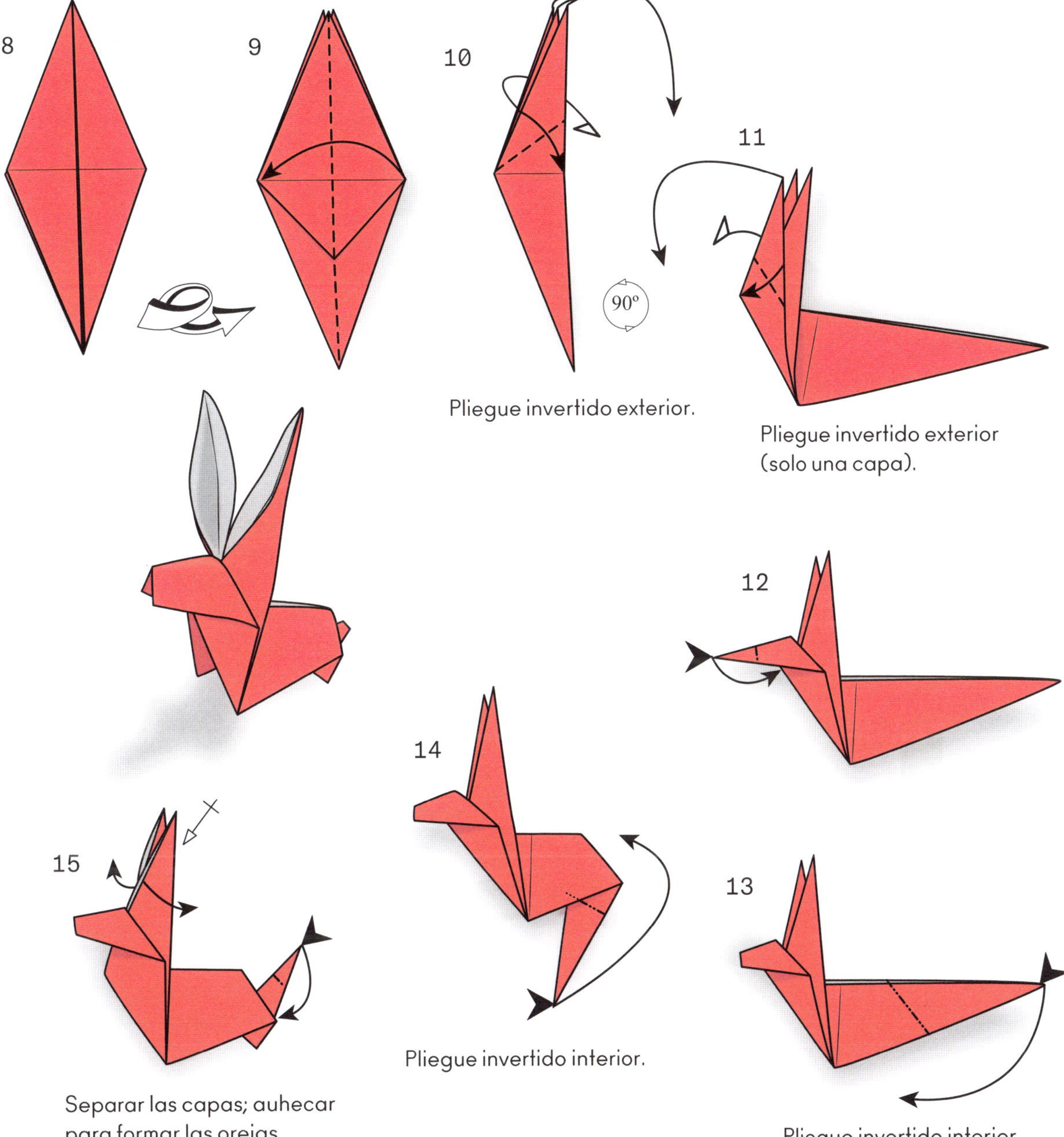
8
9
10
Pliegue invertido exterior.
90º
11
Pliegue invertido exterior
(solo una capa).
12
13
Pliegue invertido interior.
14
Pliegue invertido interior.
15
Separar las capas; auhecar
para formar las orejas.

YOZAKURA
La noche de sakura

El placer de disfrutar de la belleza de los cerezos en flor por la noche.

Elefante

1
Papel de 15 x 15 cm.
Plegar y desplegar.
2
Plegar las bisectrices.
3
4
5
6

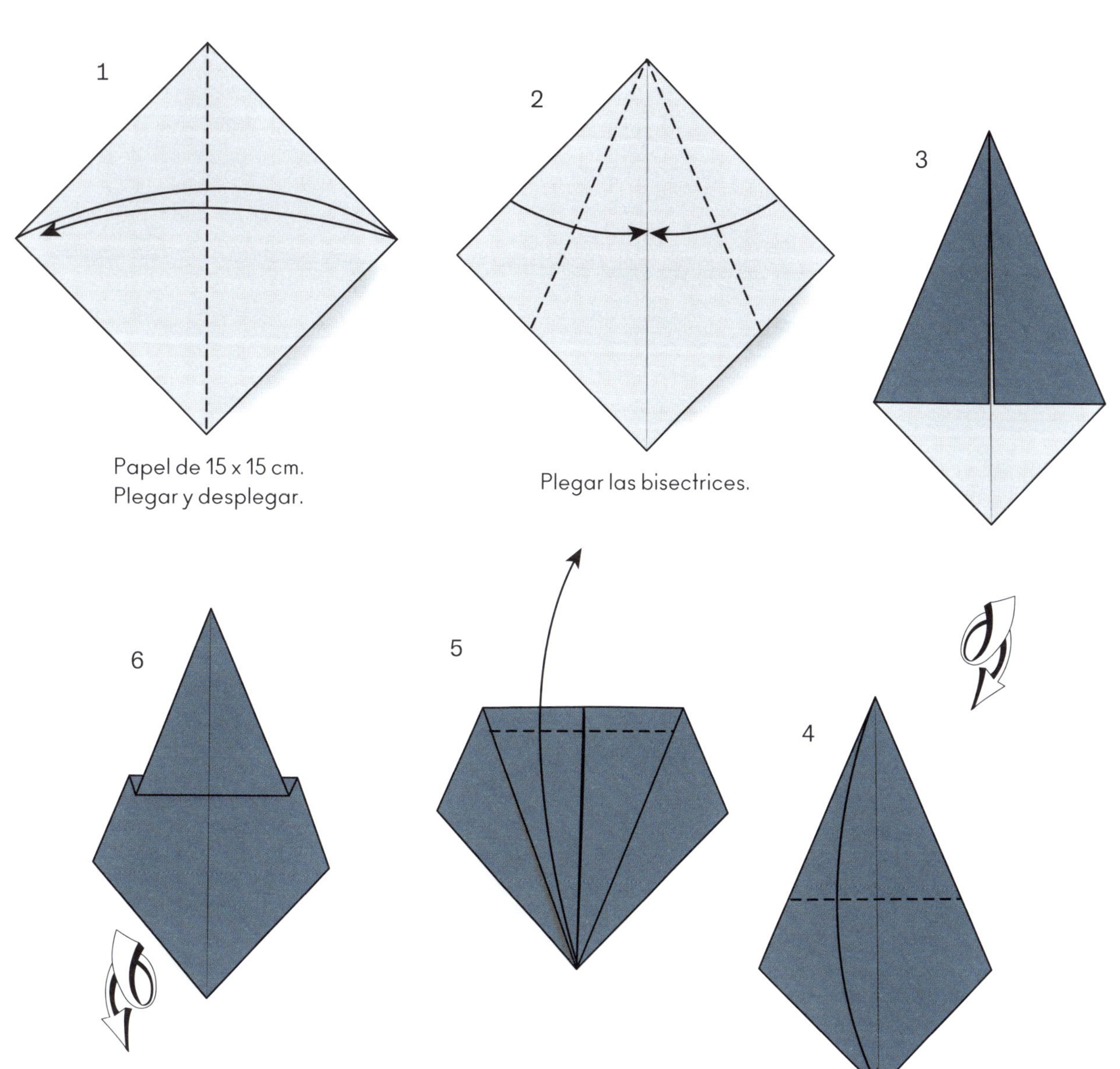

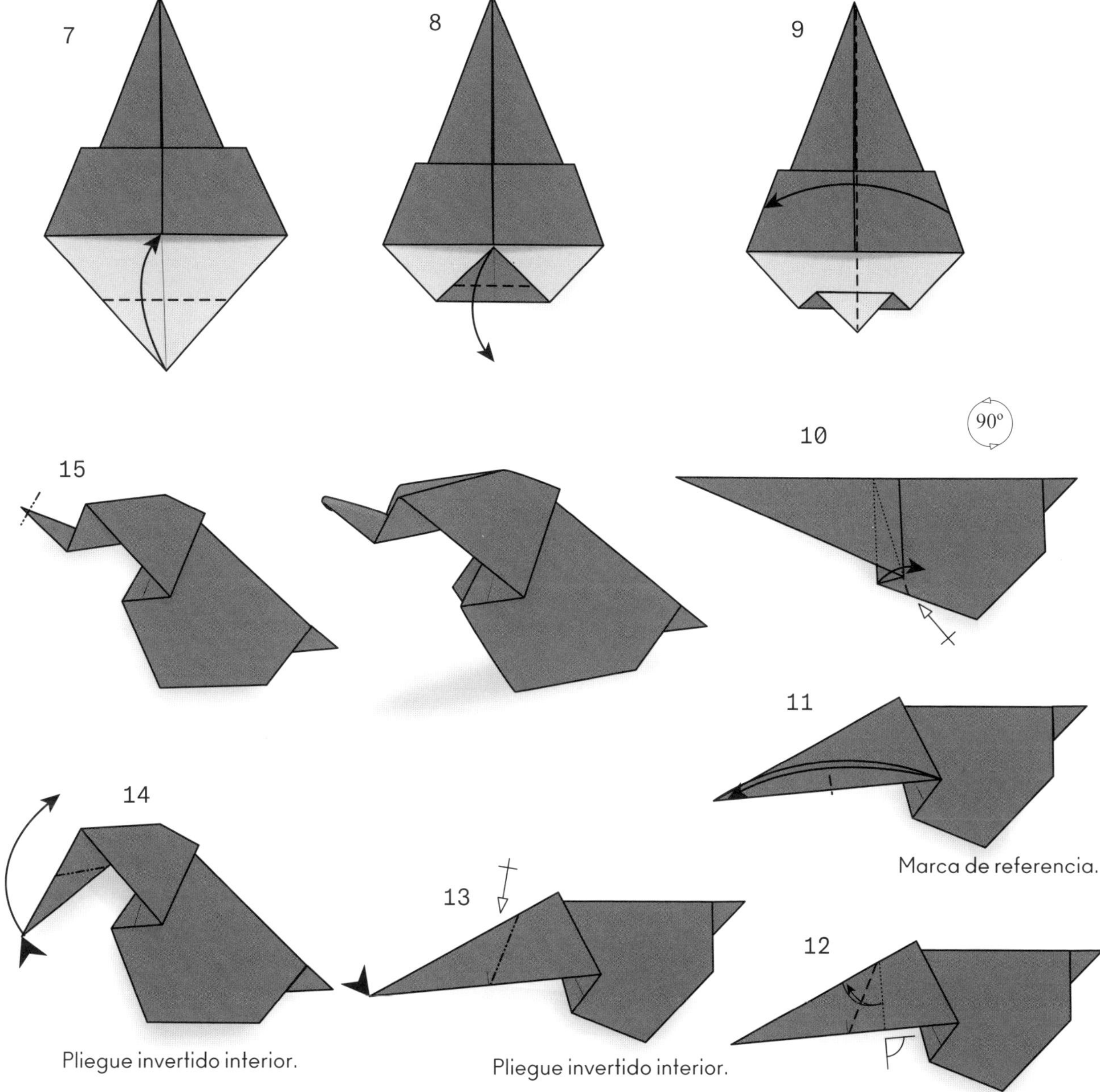
7
8
9
90º
10
15
11
Marca de referencia.
14
13
12
Pliegue invertido interior.
Pliegue invertido interior.

SAKURAGARI

Gente sakura

Se refiere a las personas que buscan los cerezos en flor y disfrutan de su belleza.

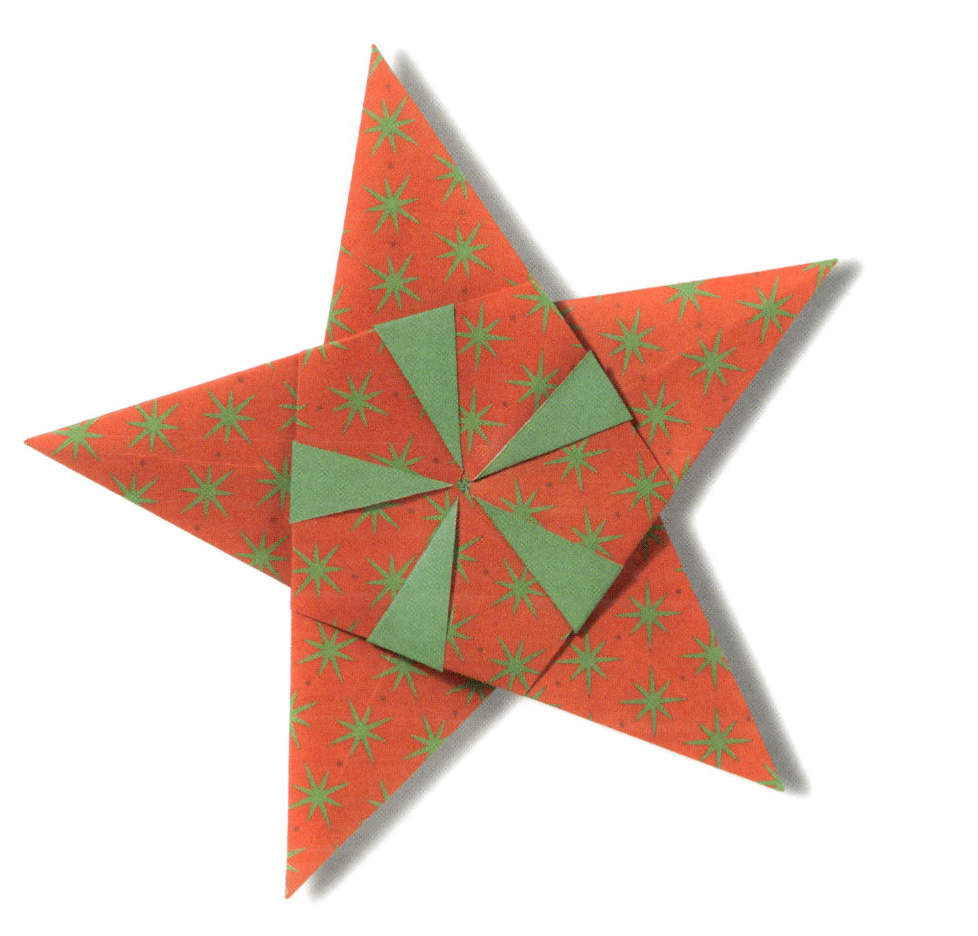

Estrella de cinco puntas
Josée Meeusen - Países Bajos

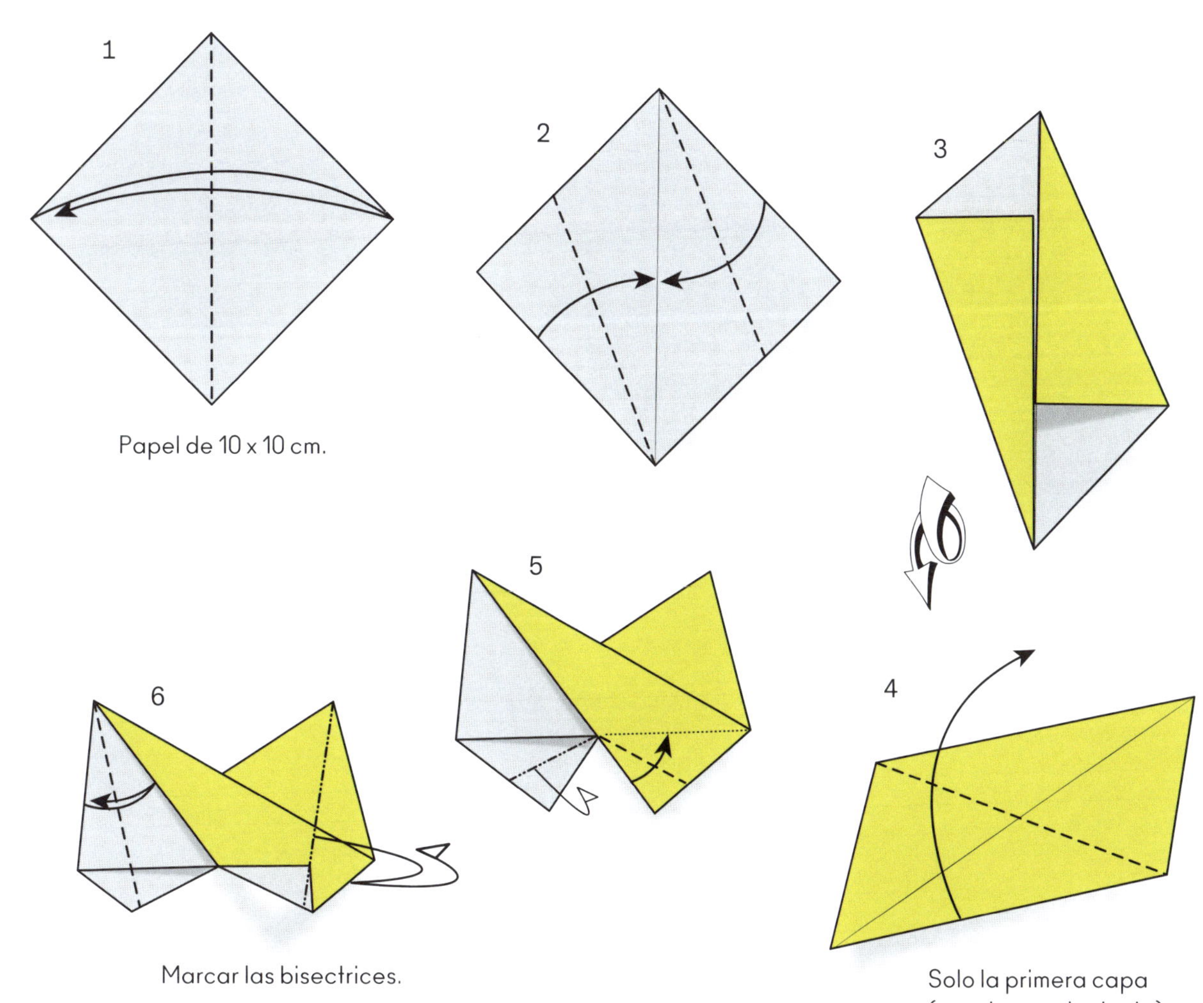

7

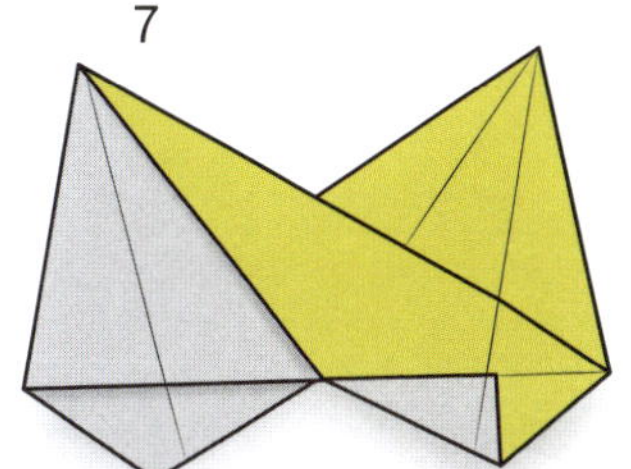

Hacer el mismo módulo 5 veces.

Montaje

8

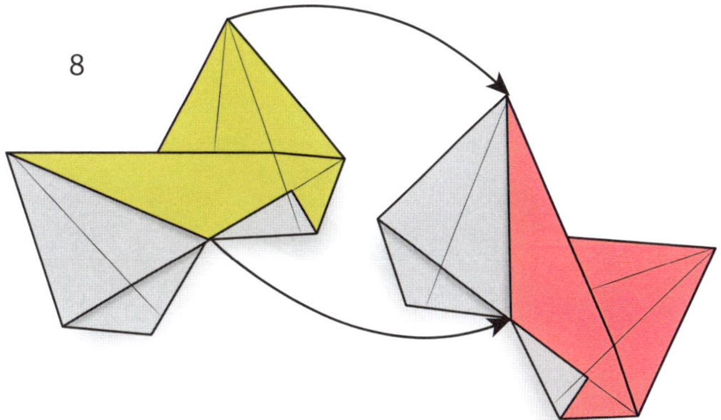

9

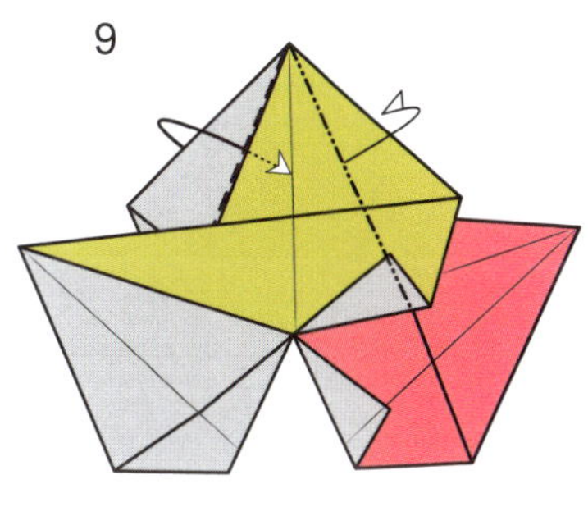

10

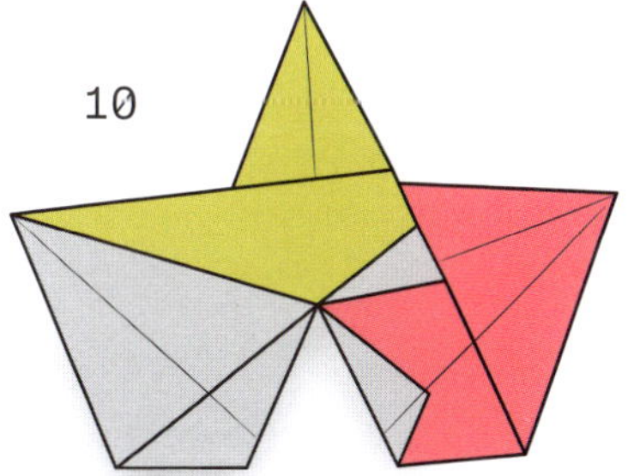

Repetir el paso 9 con los otros tres módulos.

LEZAKURA

Casa sakura

Planta en tu propio jardín un cerezo o cultiva tu propio bonsái de sakura.

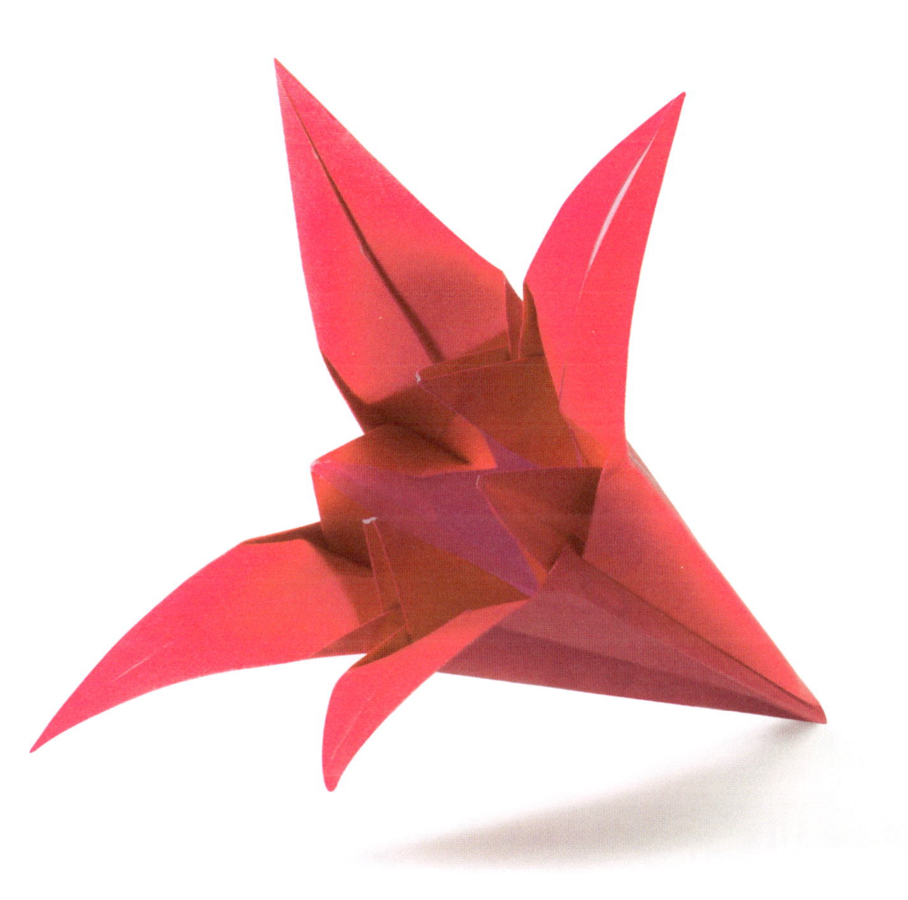

Lirio

1
Papel de 15 x 15 cm.
Plegar y desplegar.
2
Plegar y desplegar.
3
4
En proceso.
5
6
7
En proceso.
8

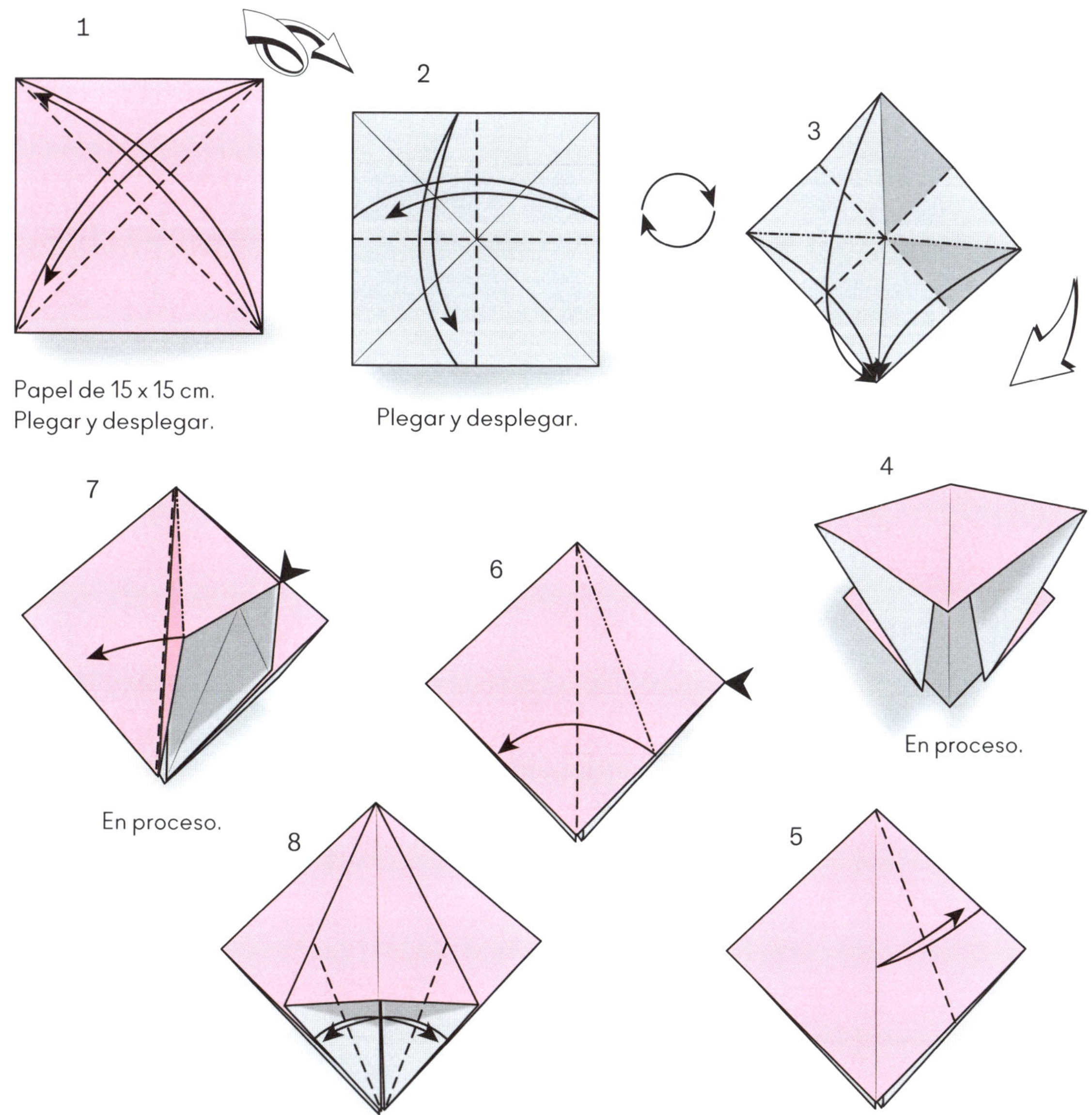

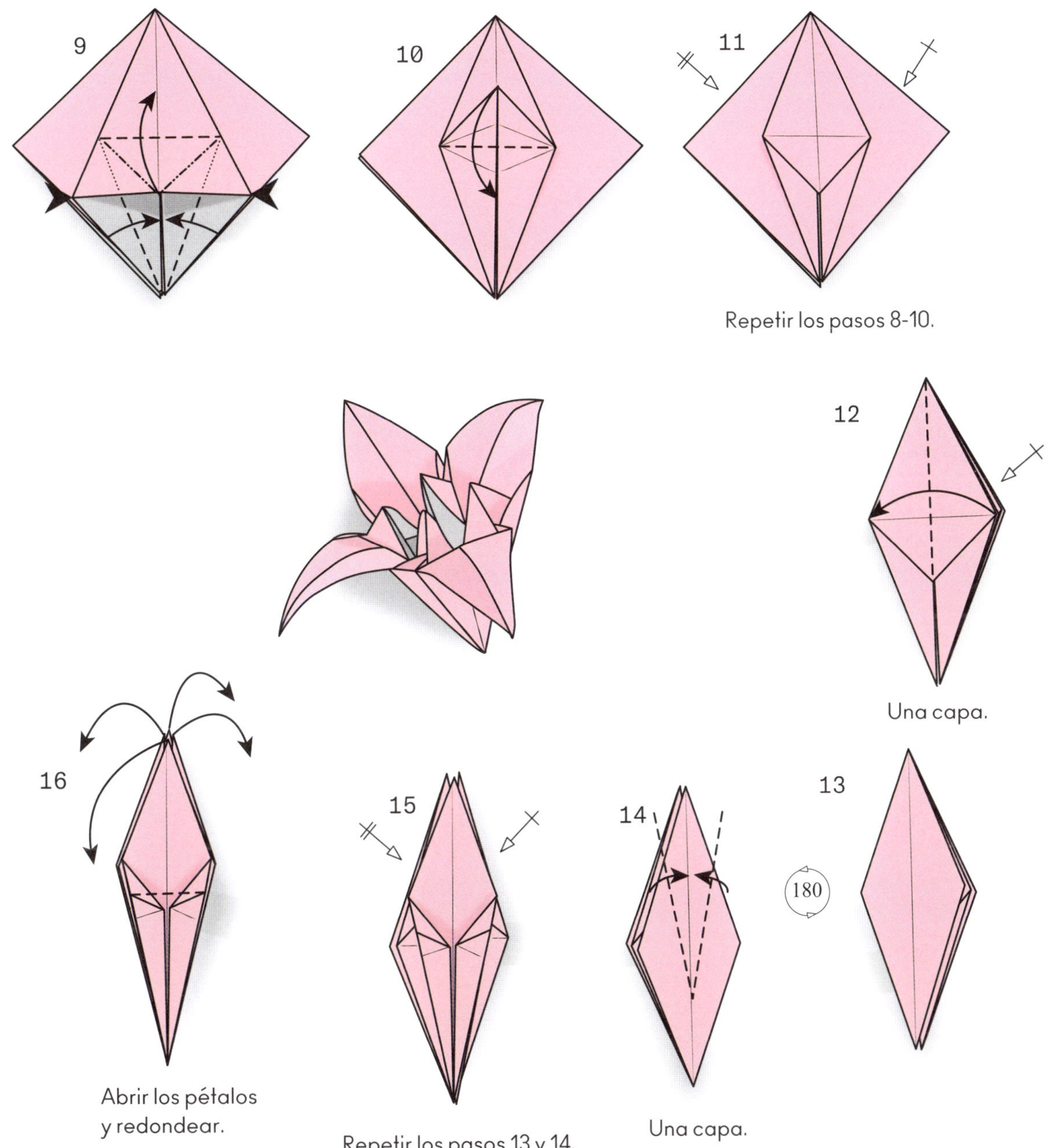
9
10
11
Repetir los pasos 8-10.
12
Una capa.
16
15
14
180
13
Abrir los pétalos
y redondear.
Repetir los pasos 13 y 14.
Una capa.

HANAGASUMI

Neblina de sakura

Es la sensación de vista borrosa o niebla que se crea al contemplar una montaña llena de sakura en flor.

Flores de montaña
Diana Horta Ruiz - México

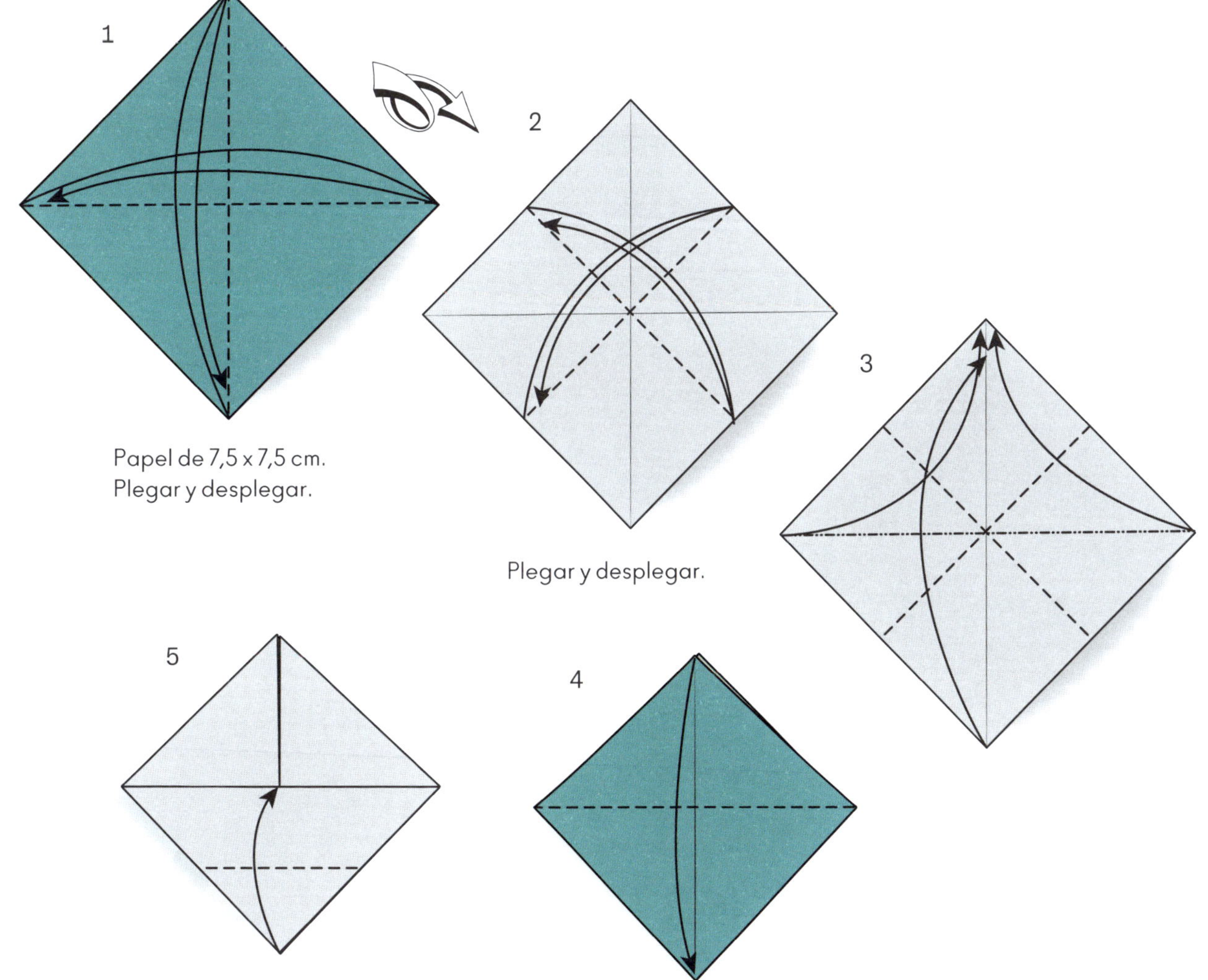

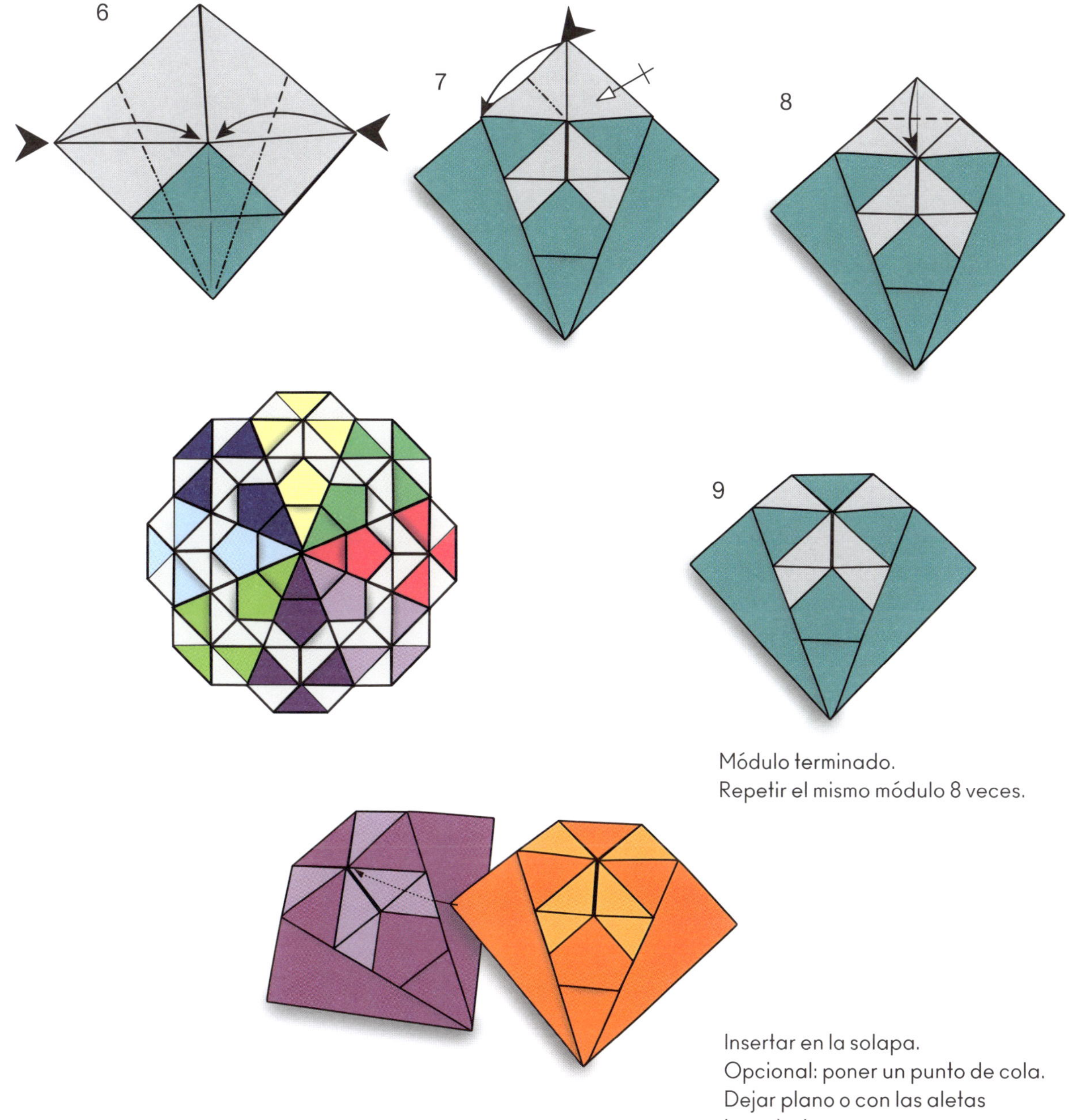

Módulo terminado.
Repetir el mismo módulo 8 veces.

Insertar en la solapa.
Opcional: poner un punto de cola.
Dejar plano o con las aletas levantadas.

UBAZAKURA

Sakura anciana

Metáfora que se refiere a la belleza y el atractivo de las mujeres mayores con el paso del tiempo.

Perro

1
2
3
Papel de 15 x 15 cm.
Plegar y desplegar.
Plegar las bisectrices.
6
5
4

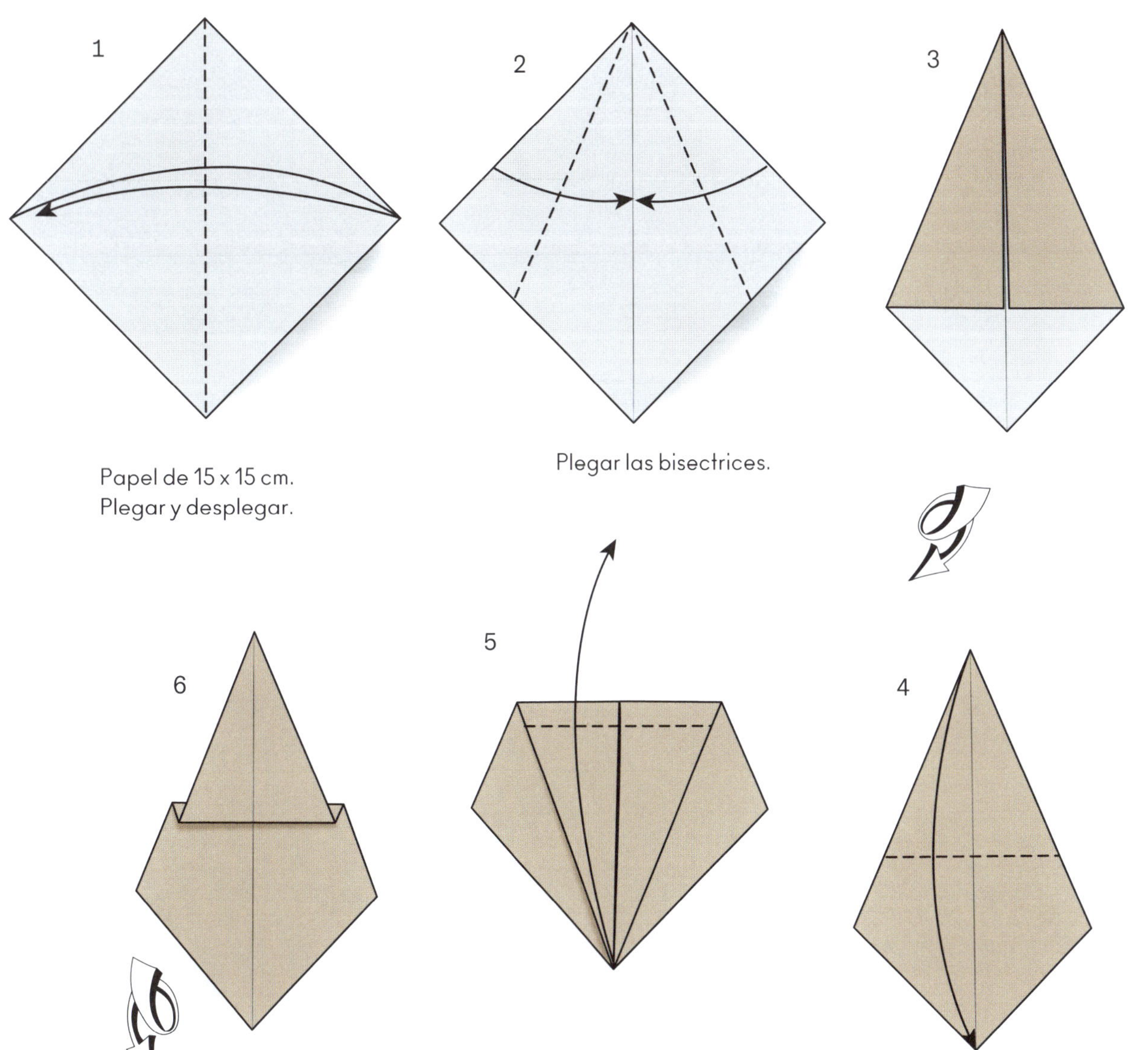

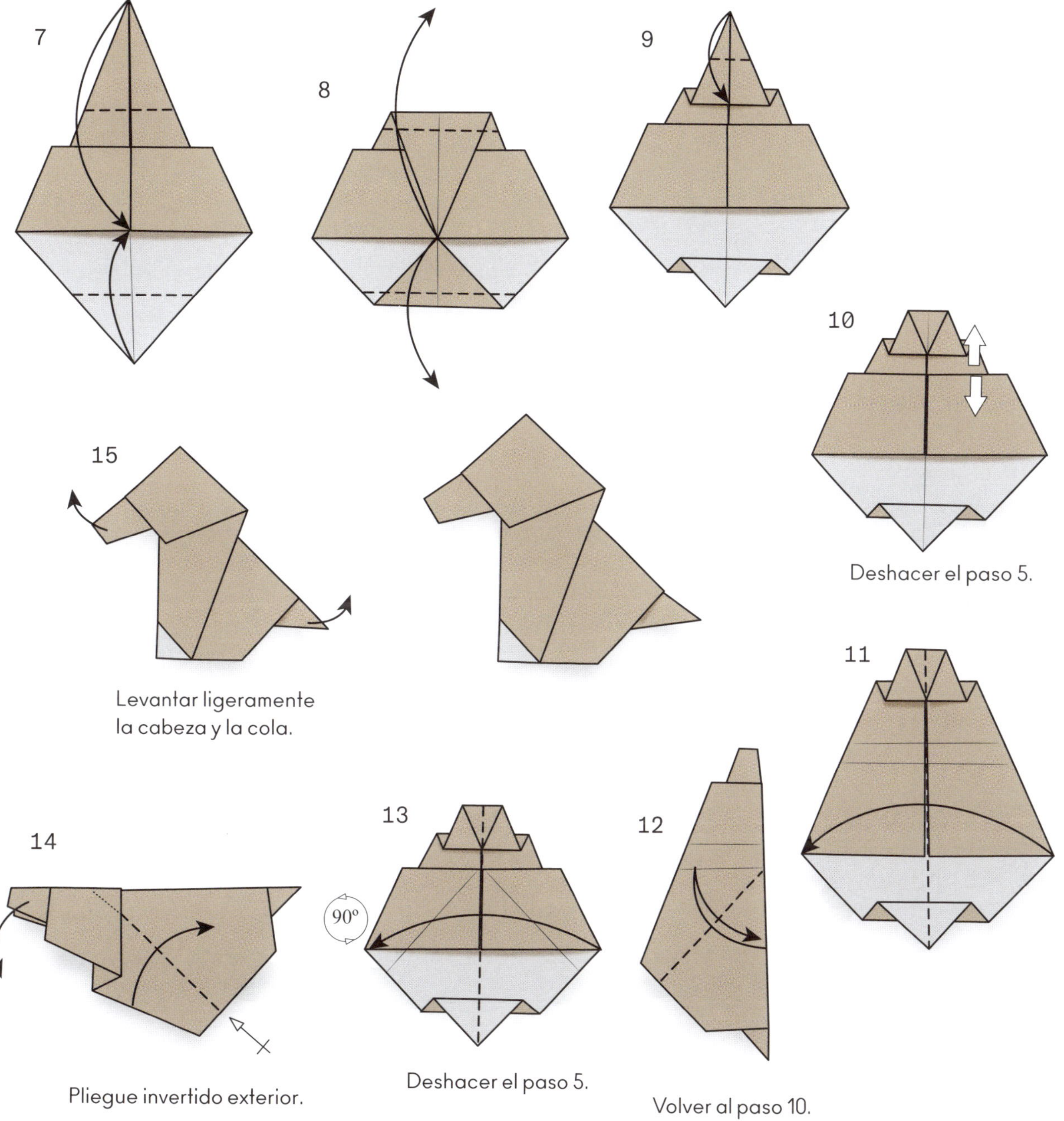

Deshacer el paso 5.

Levantar ligeramente
la cabeza y la cola.

Pliegue invertido exterior.

Deshacer el paso 5.

Volver al paso 10.

HAZAKURA

Hoja de sakura

Momento en que las hojas de los cerezos en flor empiezan a brotar.

Estrella caliente
Josée Meeusen - Países Bajos

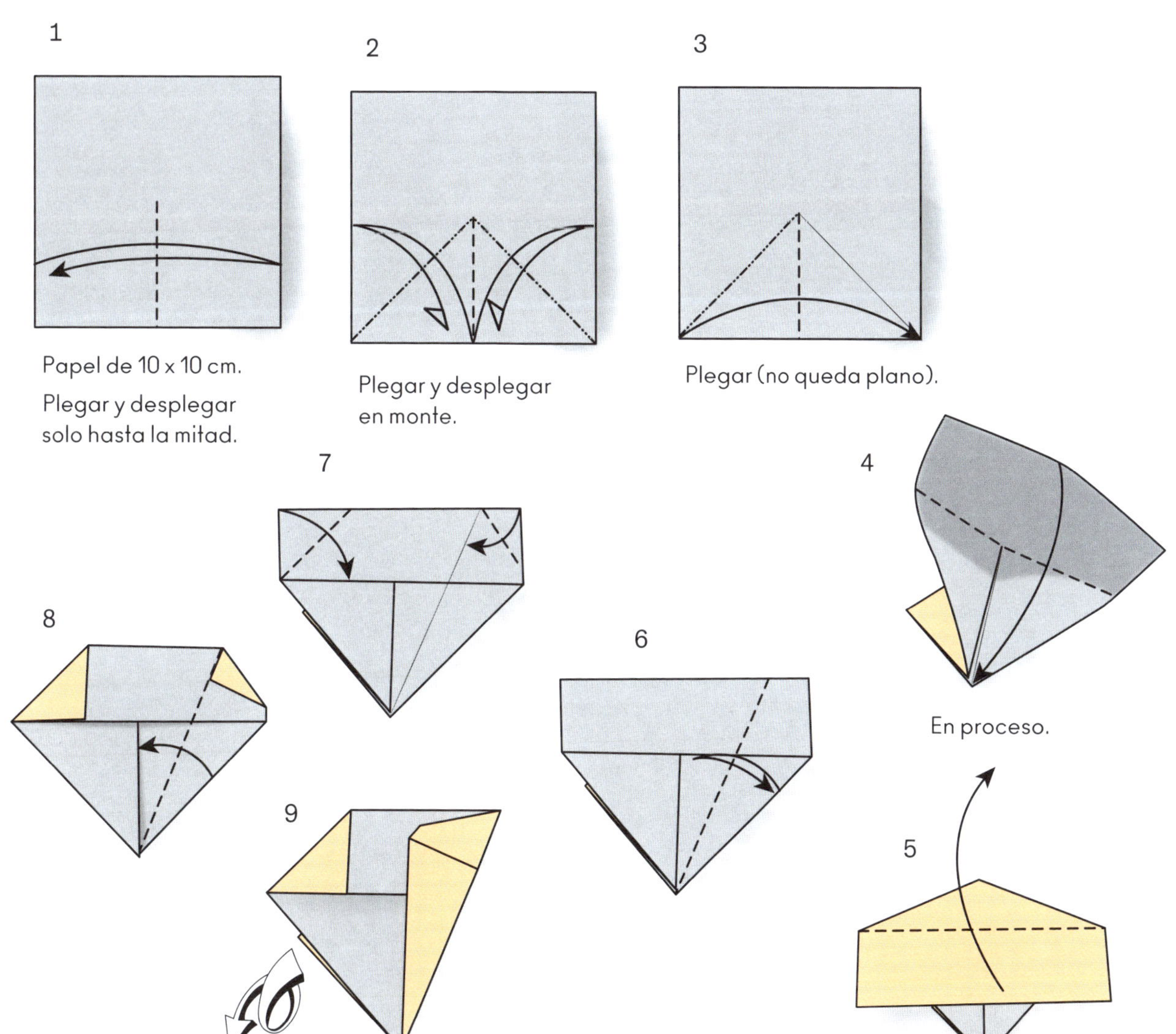

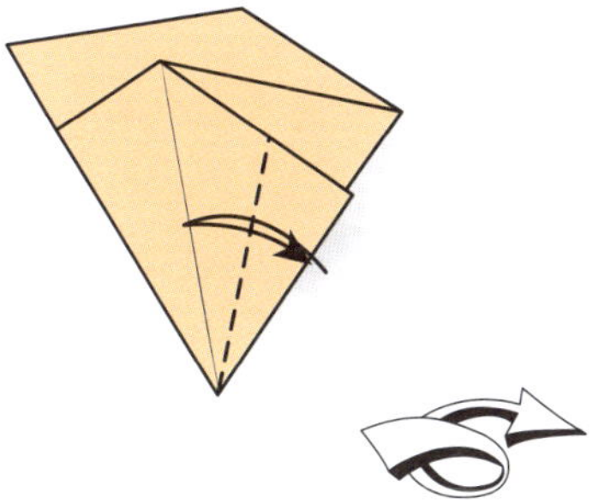

11

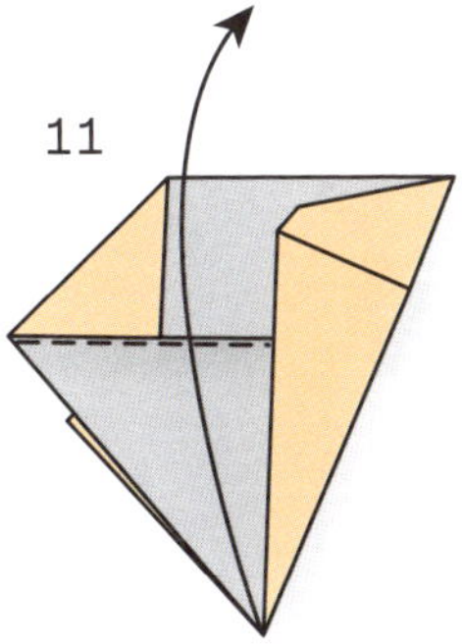

En proceso.

12

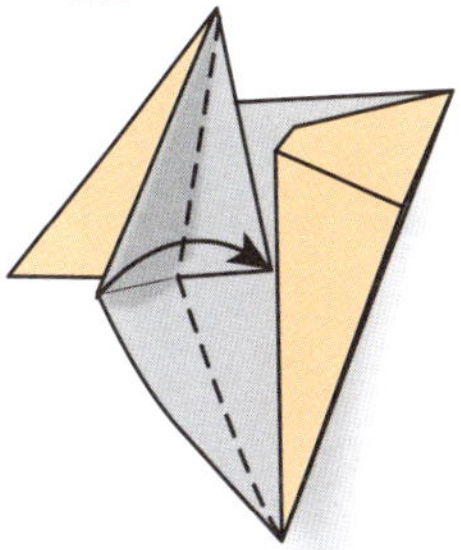

13

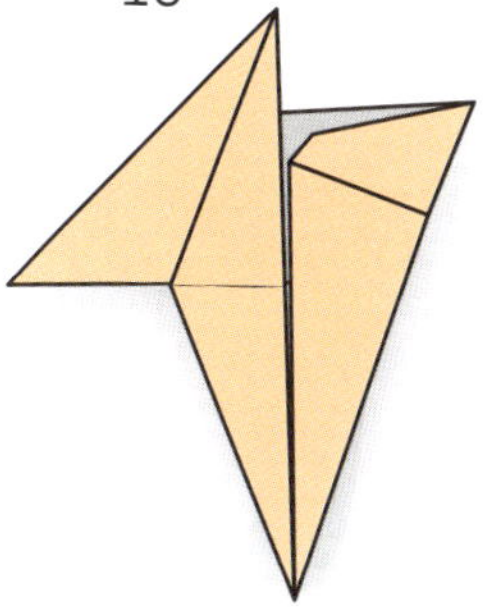

14

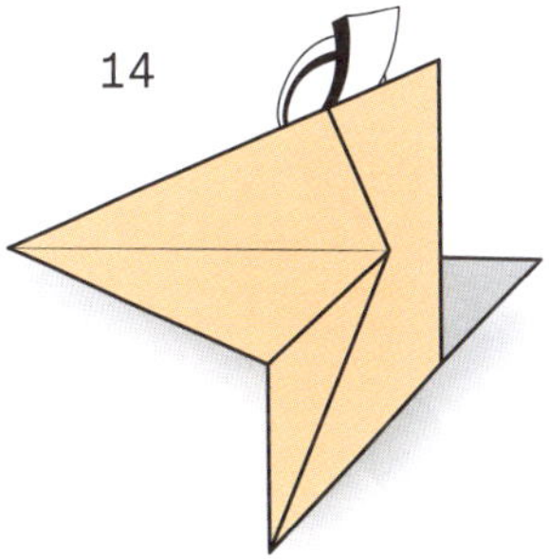

Repetir el mismo módulo 4 veces.

Montaje

15

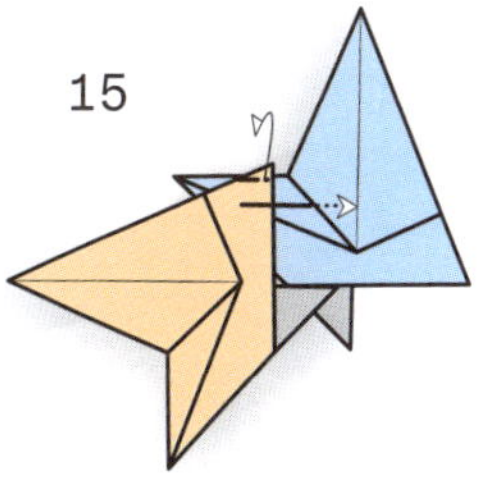

Plegar un monte en la esquina para poder introducir en el bolsillo.

16

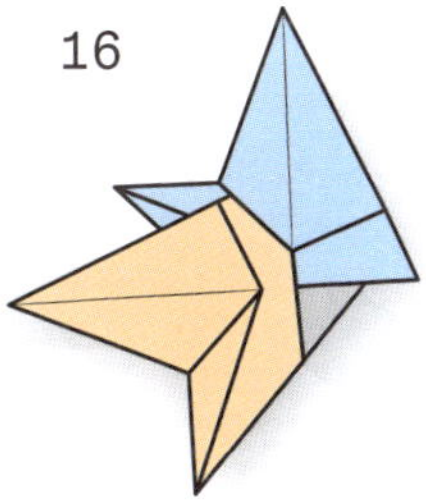

Repetir con los otros 2 módulos.

17

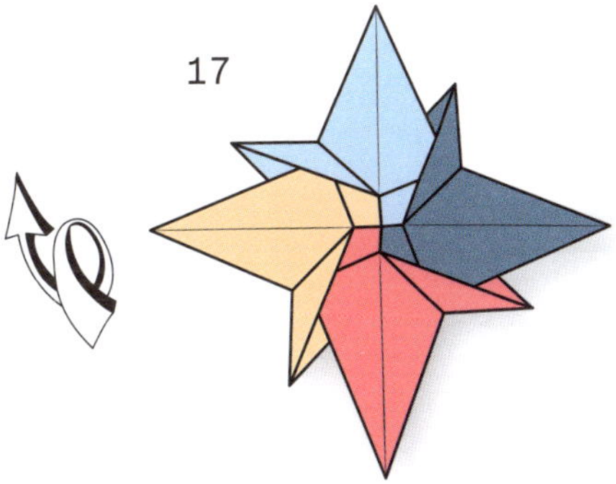

18

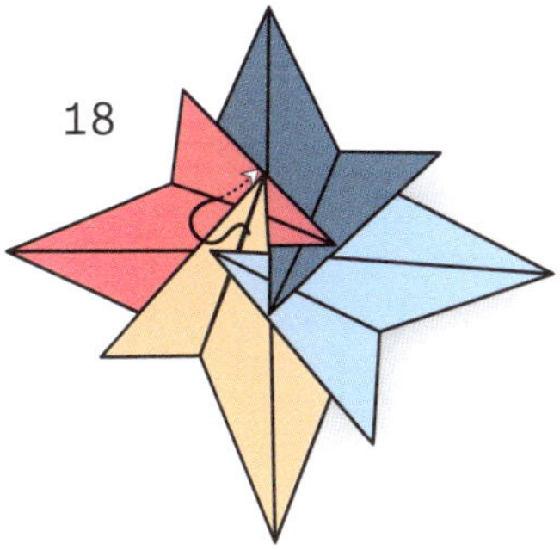

Introducir las cuatro puntas en los bolsillos.

MIKKAMINUMANOSAKURA

Flor de cerezo que dura tres días

Metáfora para referirse a aquellas situaciones que suceden de forma brusca y rápida.

Pez hinchable

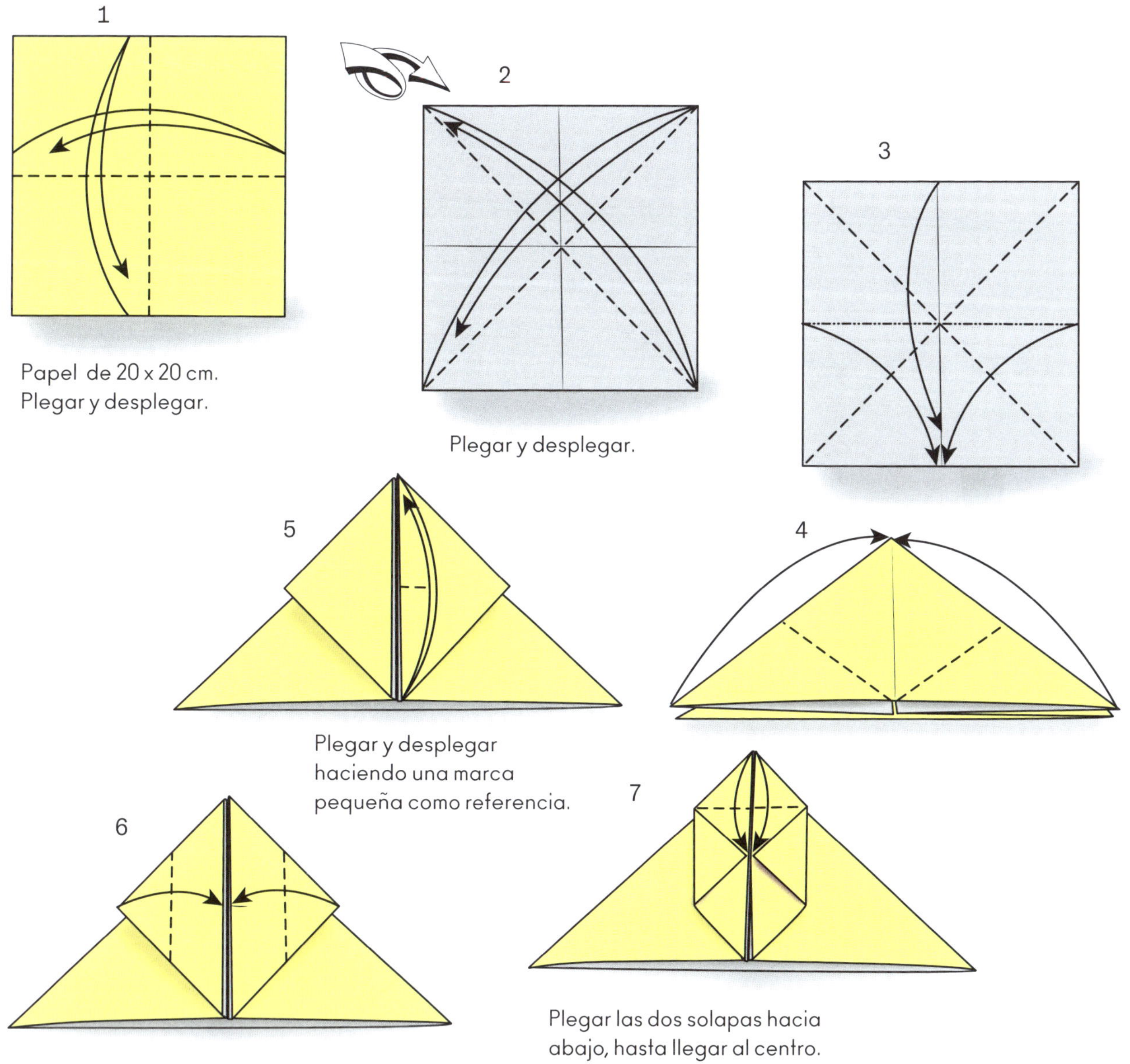

Papel de 20 x 20 cm.
Plegar y desplegar.

Plegar y desplegar.

Plegar y desplegar haciendo una marca pequeña como referencia.

Plegar las dos solapas hacia abajo, hasta llegar al centro.

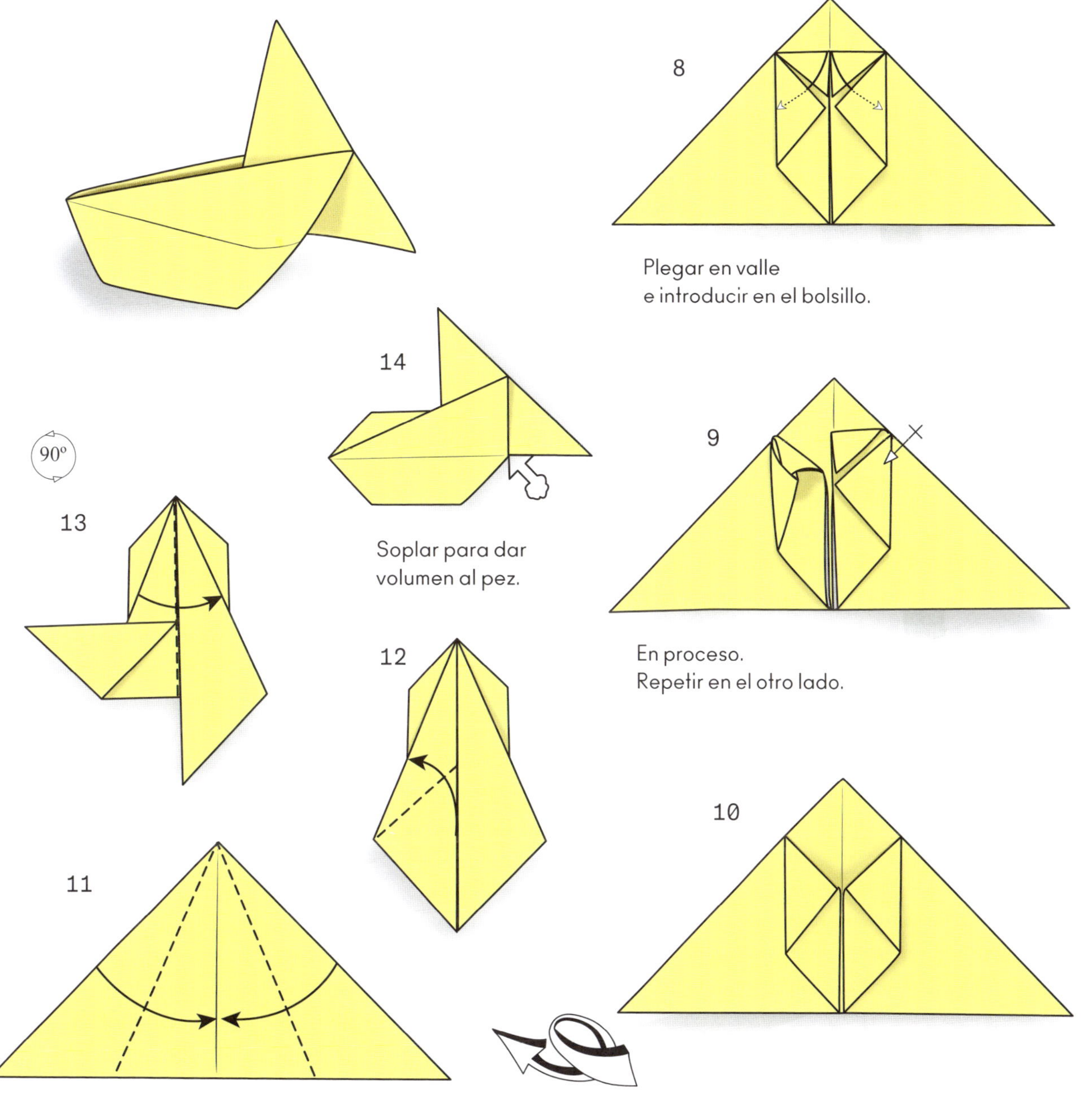
8
Plegar en valle
e introducir en el bolsillo.
14
90º
13
Soplar para dar
volumen al pez.
9
En proceso.
Repetir en el otro lado.
12
10
11

Hasta que no caiga la última
flor del cerezo hay esperanza.

Proverbio japonés

Ratón

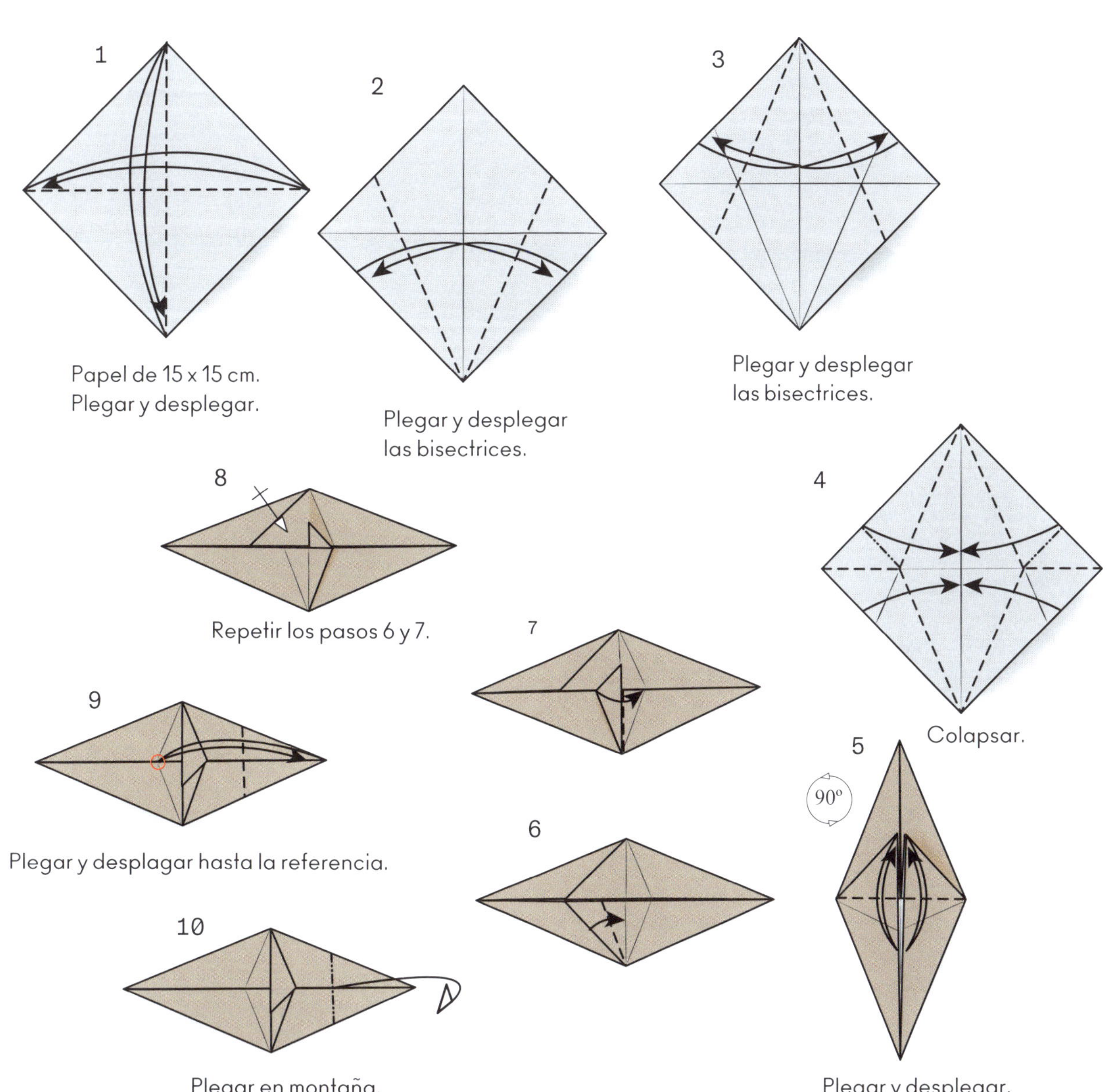

1
Papel de 15 x 15 cm.
Plegar y desplegar.
2
Plegar y desplegar
las bisectrices.
3
Plegar y desplegar
las bisectrices.
4
Colapsar.
5
90º
Plegar y desplegar.
6
7
8
Repetir los pasos 6 y 7.
9
Plegar y desplagar hasta la referencia.
10
Plegar en montaña.

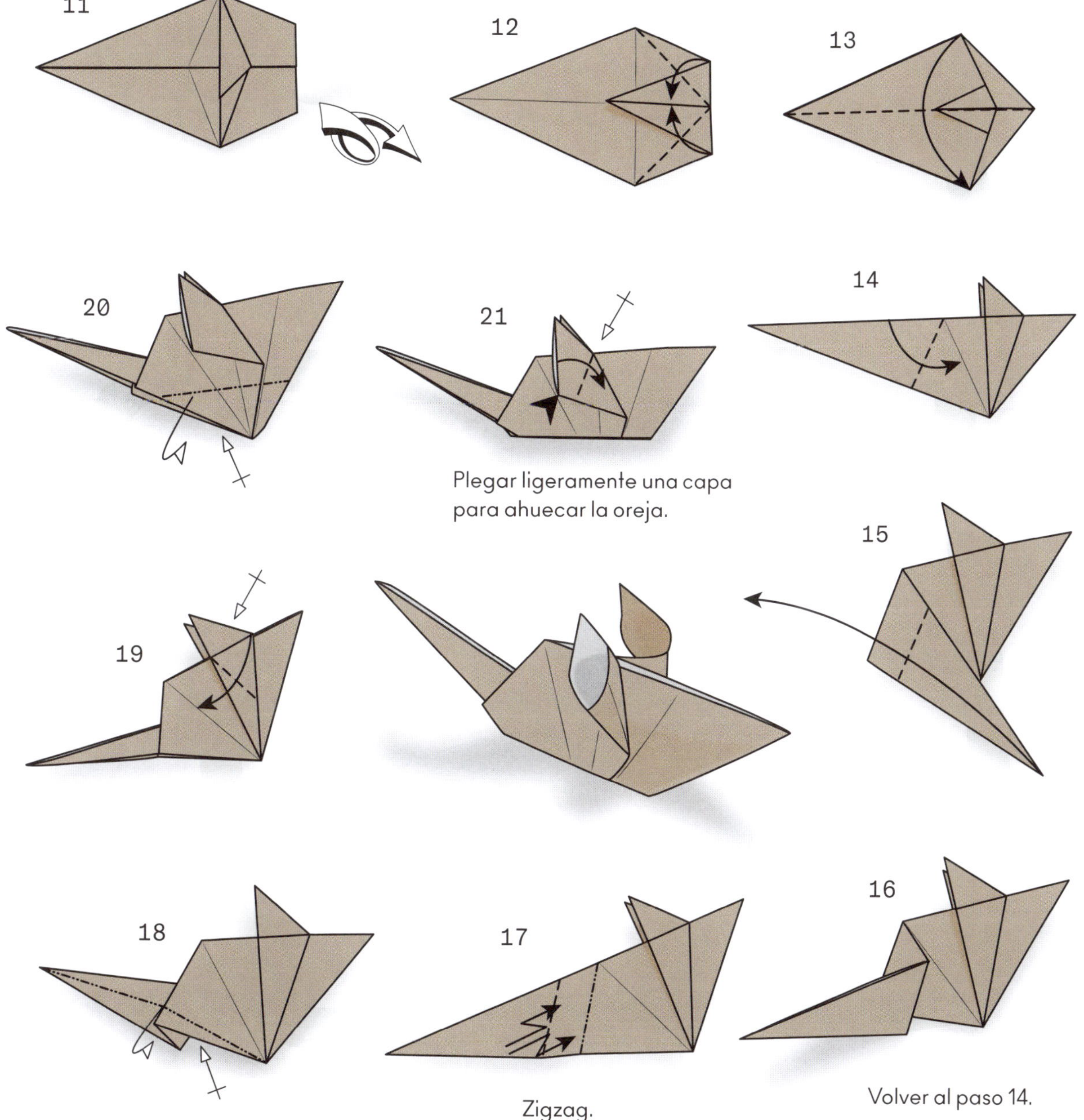
11
12
13
20
21
14
Plegar ligeramente una capa
para ahuecar la oreja.
15
19
18
17
16
Zigzag.
Volver al paso 14.

Manos a la obra

A continuación, encontrarás una cuidada selección cromática de papel de 80 g ideal para elaborar tus figuras de origami. Verás que se trata de un tipo de papel con color a ambos lados del folio, flexible, resistente y en el que los pliegues quedan bien marcados.

Te aconsejamos que empieces a plegar tus primeras figuras de origami en papel liso, porque así verás mejor los pliegues a realizar y te servirán de guía. Siempre es más difícil plegar figuras con papel estampado. Te recomendamos el papel estampado para aquellas figuras que ya has realizado varias veces o para las figuras modulares (en las que podrás intercalar papel liso con papel estampado).

Las hojas tienen un tamaño de 20 x 20 cm.
En algunas ocasiones te proponemos que empieces con una medida algo menor. En estos casos, simplemente, deberás cortarla un poco.

Disfruta de la diversión y de la magia del origami y atrévete a convertir estas hojas en auténticas obras de arte.